JN042666

集団に流されず
個人として生きるには

森 達也 Mori Tatsuya

★──ちくまプリマー新書

421

目次 ＊ Contents

はじめに……9
今、世界で起こっていること
私たちはウクライナ側に立っているがそれは正しいのか？
日本のメディアは機能不全を起こしている

第一章 **なぜ空気を読むのだろう**……23
人間は群れる生きものだ
あなたはずっと集団化の時代に生きている
集団は暴走する
強い絆と同調圧力
なぜ日本人は集団と相性がいいのだろう

第二章 **集団の中で流されること**……53
集団は危険な意思決定をすることがある

敵が現れたとき私たちは集団化する
集団であやまちを犯した結果どんなことがあったか
日本のメディアは不安や恐怖を煽り続ける
善なる存在として人は生まれるが、環境によっていかようにも変わる
ネットで拡散されるデマ情報
一人ではしないことも仲間とならしてしまう
「ちょっと待って、おかしい」と言えないのはどうしてだろう
宗教は集団と相性がいい

第三章 **ネット社会が持っている危険性**……115
マスメディアが新聞とラジオだった時代
都合の悪いことは言い換える
戦争が起きるメカニズム
戦わないと国が滅ぶとくりかえし報道

ラジオと映画からテレビ、そしてネットの時代へ
ＳＮＳはカスタマイズされている
匿名で好きなことを書く
報道はなぜ実名なのか
自分は隠すが他人は曝してもよいという意識
ネットの中で強く出る人たち——なぜ、みんなで叩くのか?
ネットを法的に規制している国もある
誰かを批判するなら実名ですべきだ

第四章　**集団に巻き込まれない生き方**……183

集団に埋没せずに個を持ち続けられるだろうか
組織の歯車として多くの人を殺害
日本人の集団力の強さにおぼえる違和感
一人称単数の主語を持つということ

おわりに……209
負の歴史を忘れてはいけない
どこから見るかで世界の景色は異なる

参考文献……223

はじめに

今、世界で起こっていること

二〇二二年二月二四日、ロシアによるウクライナへの武力侵攻が始まった。

それから一年近くが過ぎたけれど、侵攻当時は僕も含めて多くの人が、この戦争がここまで長引くとは思っていなかったはずだ。ロシアの圧倒的な軍事力によってウクライナの首都キーウは数週間で陥落し、ゼレンスキー政権は崩壊するだろうと予想していた。

ところがウクライナは屈さなかった。欧米の後押しやロシアが戦況を甘く見積もっていたこともあって、（あなたがこの本を手にする頃にはどうなっているかはまったくわからないけれど）一年が過ぎようとしている今も戦争は続いている。

戦争が長引いているということは、その犠牲となって死ぬ兵士や市民の数が日々増え続けているということでもある。この原稿を書いている今この瞬間も、多くの市民や兵士が銃撃され爆撃されて死んでいる。苦しんでいる。この戦争でこれまで亡くなった人の数は、ロシア側とウクライナ側の公式発表の数字があまりにかけ離れているので定かではないが、ウクライナ市民と両軍の兵士を総計して一〇万人から二〇万人と推測されている。

一刻も早く戦争を終結させなくてはならない。それは大前提。でももう少し踏み込んで考えたい。ロシアによる武力侵攻が始まった直後、テレビなどでは多くのコメンテーターや評論家が、第二次世界大戦終結後において最も規模の大きい戦争が始まったとコメントしていた。

聞きながらとても違和感があった。第二次世界大戦以降の大きな戦争は何度もあった。何度もくりかえされた中東戦争に湾岸戦争、そしてイラク戦争にシリア内戦。東西冷戦の悪夢の再起という意味ならば朝鮮戦争にベトナム戦争があったし、核戦争に近づいたという意味ならば、キューバ危機のほうがはるかに切迫していたはずだ。

確かにロシアによるウクライナへの武力侵攻は、冷戦構造が崩壊した後という時制と地政学的な要素を加味して考察されねばならないが、旧ソ連は過去にもチェコスロバキアやアフガニスタンに武力侵攻をしているし、ロシアになってからもチェチェン紛争や南オセチア紛争があった。そもそもウクライナへの武力侵攻も今回が初めてではなく、二〇一四年にロシアはクリミアに軍事介入して併合を果たしている。

さらに現在進行形という意味では、ミャンマーでは今も、少数民族武装勢力と連携した若い世代を中心とした市民たちが、圧政を強める国軍と戦っている。イエメンでは二〇一五年に始まった内戦で、これまでにウクライナ戦争の四倍近い四〇万人が殺されている。ちなみに朝鮮戦争の死者数は米軍と中国軍、南北朝鮮を合わせて三〇〇万人近いし、ベトナム戦争の死者数はもっと圧倒的で五〇〇万人近い。

だからこれくらいは知ってほしい。ウクライナにおける戦争が第二次世界大戦終結後において最も規模の大きい戦争であるとの認識は、絶対に正しくない。これを言い換えれば、第二次世界大戦終結後も戦争や内戦や虐殺は、ずっと間断なく世界各地で継続していたということになる。

つまり僕たちはずっと、戦争の時代に生きている。

でもベトナム戦争やイラク戦争はともかく、イエメンの内戦を具体的に知る人は少ない。僕も最近まで知らなかった。なぜならメディアの報道が圧倒的に少ないからだ。

ここで重要な補足をするが、命は数ではない。あなたの命はひとつ。誰にとってもひとつだ。数量にこだわりすぎると、全体像が見えなくなる。戦争の規模は当事国の死者数だけではなく、もっと多くのファクターで考える必要がある。でもこれだけは言える。僕やあなたも含めて戦争当事国ではない国の政治家や市民にできることは、一日も早く戦争を終結させるために、自分たちは何ができるかを考えること。考えて実行すること。

考えるためには、事態をできるだけ正確に知らなくてはならない。いまウクライナで何が起きているのか。ロシアでは何が起きているのか。あるいはミャンマーで、イエメンで、中国のウイグル自治区で、イスラエルのガザ地区で。そしてそれは何が原因なのか。そしてこれからどうなると予想されるのか。原因や予測の確定が難しいことは当然だが、現在の状況を知ることは重要だ。

私たちはウクライナ側に立っているがそれは正しいのか？

つまりメディア。新聞やテレビのニュース、そしてあなたのスマホの画面で読むことができる情報や見ることができる写真と動画。

特に侵攻が始まってからしばらくは、日本だけではなく世界中のテレビでも、ほぼ毎日トップニュースはウクライナ情勢だった。爆撃におびえるウクライナ市民がスマホで撮った映像は、あなたも何度か見たことがあるはずだ。

ウクライナ市民がスマホで撮った映像なのだから、当然ながらそのほとんどは、攻撃されている側のウクライナからの視点ということになる。さらにゼレンスキー大統領が世界への情報発信にとても意欲的だったことも、ウクライナに対する関心を集めることに貢献した。

その影響は大きい。多くの日本人がウクライナに共感し、ロシアに対して怒りを抱く。街では多くの人がウクライナへの募金を呼びかけ、ブルーとイエローのウクライナ国旗を手にした多くの人がロシア大使館前で抗議のデモを行い、日本政府は専用機でウクライナを脱出しようとする市民を救出して日本国内で生活できるように配慮を尽くし、ウクライナ支援のためのイベントも数多く企画された。

それは決して間違いではない。武力侵攻を始めたのはロシアの側だ。多くのウクライナ市民が殺されている。日常を破壊され、助けを求めている。ならばできるかぎり支援する。それは当然のこと。

でもこのとき、日本在住の多くのロシア人は嫌がらせを受けていた。複数のロシア・レストランがガラスを割られたとの報道もあった。

確かに、最終的に武力侵攻を決断したのはプーチン大統領だ。しかし彼とロシアの軍隊や兵士たちはイコールではない。この戦争に懐疑的なロシア兵や将校はたくさんいる。侵攻開始直後にはモスクワなど都市部で、停戦を呼びかける市民たちのデモが行われたが、警察によって鎮圧され、デモを指導したリーダーたちの多くは逮捕された。二〇二二年のノーベル平和賞を受賞したロシアの人権団体メモリアルは、侵攻が始まる直前に閉鎖することを命じられている。プーチン政権が反対の世論を抑え込むための布石を打っていたとの見方もできる。

もちろん、戦争を支援するロシア国民も少なくない。プーチンへの支持率が急激に上昇したとの報道もあった。

でも侵攻当初から今に至るまで、ロシア国内の大手メディアは、拡大するNATOによってロシアの安全保障が損《そこ》なわれるとかウクライナ国内で攻撃されているロシア系の人たちを救わなくてはいけないなどのプーチンの主張を、ほぼそのまま報道し続けている。要するに政権のプロパガンダだ。そして多くのロシア国民が、この報道をそのまま信じ込んでしまっている可能性は高い。

ウクライナの避難民を受け入れることについては、もう一度書くけれど何の問題もない。間違いではない。でもならば、同時に考えてほしい。これまで日本は、南米や中東、アフリカの国々から難民認定を求めてやってきた人たちに対して何をしてきたのか。何をしてこなかったのか。

出入国在留管理庁の収容施設で孤独に死んでいったのは、スリランカから日本語を学ぶために来日したウィシュマ・サンダマリさんだけではない。今も収容所では多くの外国籍を持つ人たちが、日本で暮らしたいと望みながら人として扱われず、仮出所しても労働を禁じられて生活ができず、助けを求めている。なぜ彼らは、適正な医療にすらつなげてもらえないのか。人として生きる権利を認められないのか。ウクライナからの避難民と何が違うのか。

二〇二一年に日本で難民申請を行った外国籍の人の数は二四一三人で、このうち認定されたのは七四人。ドイツやフランス、カナダやアメリカなどに比べれば、移民の受け入れ数はゼロの数が二つも違う。

なぜ日本は難民を受け入れないのか。なぜ僕たち日本人はこれほどに排他的なのか。その理由とメカニズムについては、実はこの本のテーマのひとつでもある。章を追いながら一緒に考えよう。

ひとつだけ間違いなく言えること。メディアがこうした状況をもっと早く伝えていれば、ウィシュマさんのような最悪の状況は回避できたかもしれない。ウクライナだけではなくロシア国民の多くも胸を痛めていることを多くの人が知っていたのなら、日本に暮らすロシア人への嫌がらせなど起きなかったはずだ。

日本のメディアは機能不全を起こしている

二〇二二年七月、安倍《あべ》元首相への銃撃事件をきっかけにして、政治と旧統一教会の関係が大きな問題となって、連日のようにトップニュースとなっている。

でも銃撃事件で一気に報道が始まったけれど、安倍元首相を筆頭にした自民党議員たちと旧統一教会の関係は、決して隠されていたわけではない。メディア関係者は知っていた。気づいていた。

でもメディアは大きな問題にしなかった。報道しなかった。ならば多くの国民にとって、この問題は不可視の領域となってしまう。

ここまでを読んで、「メディアはやはり政権と癒着しているのか」とか「権力者の顔色ばかり見やがって」などと気色ばむ人は少なくないと思うけれど、それは微妙に違う。いや、多少はその要素はある。でも多少だ。メディアを庇《かば》うつもりはないし、批判されて当然だと思うけれど、少なくとも意図的ではない。自民党と旧統一教会との接点は、安倍元首相の祖父である岸元首相時代から始まっている。さらに、国際勝共連合と自民党の関係の深さは誰だって知っていたし、国際勝共連合の母体が旧統一教会であることも周知だった。でも問題視されなかった。ずっと前からあったことなので、ニュースとしての価値がわからなくなっていたのだ。

鍋に入れられて火にかけられたカエルは、水の温度が少しずつ上がるので、今の状況が危機的であることがわからない。いい湯だな、などと鼻歌を歌っているうちに茹《ゆ》でられてしまう。

危機に気づかない恒常性バイアスを示す有名なこのエピグラムは（書くまでもないとは思うけれど、現実にはカエルは鍋から飛び出す）、メディアに対しても当てはまる。例えば入社したばかりの若い記者ならば、政権与党の政治家たちが旧統一教会の式典に祝電を送ったり参加してスピーチしたりしていると気づいても、先輩たちも知っていることだし今に始まったことでもないので、記事にするようなことではないのだろうと思ってしまう。つまり状況に馴致《じゅんち》されていた。この状態にメディア全般が陥っていた。

ならば他にも、気づかぬうちに不可視となってしまっていることがあるかもしれないと思ってほしい。いやきっとある。政治と旧統一教会の癒着の問題は、メディアが伝えるべきことを伝えない機能不全を慢性的に起こしているという問題でもある。

メディアが機能不全を起こす理由は何か。もしも独裁国家ならば、政治権力を批判すれば激しく弾圧される。プーチン政権下のロシアでは、反体制的なジャーナリストが暗殺されるという事態が何度も起きてきたし、習近平が党のトップとなった中国では、二

○一五年に成立させた国家安全法を根拠に多くの人権派弁護士が不当に拘束され、メディアに対する圧力も強まっている。数年前の香港《ホンコン》で、リンゴ日報など中国共産党に対して批判的だったメディアの多くが弾圧され、代表や幹部が逮捕されて活動を停止したことは記憶に新しい。

他にも北朝鮮やイラン、ベラルーシやシリアなど、独裁的で専制的な政治体制の国はすべて（ほぼではなくすべてだ）、自由な言論や報道が許されていない。

でも日本は独裁国家ではない。表現や言論の自由が保障されている民主的な国のはずだ。それなのにメディアが機能不全を起こしているならば、その状況は一日でも早く修復されなければならない。そして修復するためには、機能不全を起こしている理由とメカニズムを解明しなくてはならない。

なぜならメディアの影響力はとても大きい。僕はこれまでいろんな国を訪ねてメディア状況を調べてきたけれど、メディアが機能不全を起こせば、それは必ず国民に悪い影響を与える。つまり国民もメディアと同質化してしまう。そしてその同質化した国民が、選挙で政治家を選ぶ。ならば政治も同レベルになる。

つまりメディアと社会と政治は三位一体だ。メディアは健全に機能しているのに国民のレベルが最低であるという国など存在しない。政治はとてもハイレベルなのにメディアが最悪であるという国も、国民のレベルは素晴らしいのに政治がどうしようもないという国も存在しない。

この三つの要素は互いに影響し合っている。これを言い換えれば、今は治安が悪くて経済格差は激しく差別は横行し、政治家は自分の蓄財にばかり熱心で賄賂をもらうことは当たり前な国でも、メディアが健全に機能するようになれば、その国は間違いなく急激に変わる。

だからこそメディアについて考えることは重要だ。しかも今のメディア状況は、メインストリームメディアがテレビと新聞しかなかった時代とは違う。SNSなどを駆使しながら僕たち一人ひとりが、情報を受け取るだけではなく、発信することができる時代になっている。

まさしくメディアの時代。そしてそれは今後も加速する。僕たちはもうメディアを手放すことはできない。メディアを考える作業は、自分たち自身を考えることに重なる。

だから考えよう。メディアについて。どうあるべきか。どのように使うべきか。情報とは何か。どのように解釈すればいいのか。

第一章　なぜ空気を読むのだろう

人間は群れる生きものだ

東京・上野の国立科学博物館に、ルーシーと名付けられた化石人骨の復元が展示されている。地球館の地下二階。「地球環境の変動と生物の進化――誕生と絶滅の不思議」と名付けられたフロアだ。ちなみに僕はこの博物館が大好きだ。あなたももしも東京の上野に足を運ぶ機会があるならば、ぜひここに寄ってほしい。一日では回りきれないほどに充実した展示を見ることができる。しかも高校生以下は入館無料で、大学生と一般は六三〇円だ。

ルーシーの身長は一〇五センチメートルで体重は二五キログラム。今から三二〇万年ほど前に現在のエチオピアで生活していたアウストラロピテクスという猿人の仲間で、僕たちホモサピエンス（現生人類）の先祖でもある。外見だけ見れば、人というよりもチンパンジーなど類人猿に近いかもしれない。

だから猿人。でもアウストラロピテクスは、チンパンジーやゴリラやオランウータンなどとは大きな違いがある。ルーシーを見ればすぐにわかるが、彼らアウストラロピテクスは、日常的に直立二足歩行していたのだ。

二足歩行をするようになった前と後では、とても大きな違いがある。なぜなら二本の足で歩くことで両手が空き、道具を使えるようになった。さらに手を使うことで大脳が刺激されるから、知性も急激に進化したはずだ。


ならば僕たちの先祖は、いつ直立二足歩行を始めたのか。ルーシーの時代からさらに一三〇万年ほど前のアフリカでは、アウストラロピテクスの先祖であるラミダス猿人が生息していた。森で暮らしていた彼らは、樹上の生活から地上に降りてきて二足歩行を始めた最初の世代だ。

樹上から地上に降りてきたラミダス猿人は、直立二足歩行を始めると同時に、樹上では単独生活だったライフスタイルを集団生活へと変えた。つまり群れるようになった。

アウストラロピテクス（shutterstock @ frantic00）

なぜなら地上には、彼らにとって天敵である危険な大型肉食獣がたくさんいる。もしも一人ならば、襲われたらひとたまりもない。抵抗できないままに餌食になるだけだ。でも集団ならば、大型肉食獣も簡単には襲ってこないし、おおぜいで立ち向かえば迎撃できるかもしれない。他の動物を獲物として狩るときも、一人よりもおおぜいで手分けしてやったほうが、大きな動物や足の速い動物をしとめることができる可能性が高くなる。

こうして僕たちの先祖は、二足歩行を始めると同時に、群れる生きものになった。つまり社会性を獲得した。

群れの中ではコミュニケーションが重要になるから言語が発達し、文明が生まれ、文字によって自分たちの体験を次世代に継承し、僕たちホモサピエンスはこの地球で、これほどに繁栄することができた。

恩恵は確かに大きい。でも群れには副作用がある。

群れる生きものは僕たちホモサピエンス以外にも、イワシやヒツジ、ハトやトナカイ、メダカやスズメなど、まだまだたくさんいる。

その共通項は弱いこと。だから自分たちを捕食する天敵の存在に、彼らは常におびえている。

ここであなたにアドバイス。もしも裸で大人のチンパンジーと闘えと言われたら、絶対に断ったほうがいい。だってチンパンジーの握力は三〇〇キロ。しかも二本の犬歯はナイフのように鋭い。僕もあなたも絶対に勝てない。あっという間に血だるまにされる。覚えておいたほうがいい。進化の過程で鋭い爪や牙を失った僕たちホモサピエンスは、同サイズの生きものとしては圧倒的に弱い位置にいる。

しかも二足だから全速力で走っても遅い。翼を持たないから、空を飛んで逃げることもできない。泳ぎも下手だ。多くの哺乳類は水に入れられたらとりあえず泳げるけれど、僕たちは練習しなければ溺れてしまう。全身の筋肉だって貧弱だ。

要するに僕たちホモサピエンスは、天敵に襲われたらひとたまりもない。だからこそ群れる本能は強くなった。

東日本大震災のときに、多くの人が「絆《きずな》」という言葉を口にした。本来は、犬や馬などの家畜を立木につなぐための綱の意味だった。そこから「しがらみ」「呪縛」「束縛」などネガティブな意味で使われるような時代があって、「人と人との結びつき」「支え合いや助け合い」などの意味で使われるようになったのは最近だ。

この言葉が示すように、不安や恐怖に襲われたとき、僕たちはおおぜいでまとまろうとする。結びつきを強めようとする。

もちろん、それは間違いではない。一人では耐えられないことも、多くの仲間が一緒ならば耐えることができる。寒くて不安な夜も、ひとりぼっちよりもおおぜいが一緒なら、多少は安心できるはずだ。

それは当然のこと。だから不安や恐怖に襲われたとき、危機的な状況になったとき、僕たちは仲間を求める。群れたくなる。結束したくなる。集団化が発動する。

あなたはイワシやムクドリの群れを見たことがあるだろうか。群れは全体がひとつの生きもののように動く。もしもみんながてんでばらばらに動いていたら、群れは意味と目的を失う。天敵にも襲われやすくなる。だからこそ群れる生きものにとって、「全体の動き」に自分を合わせることはとても大切だ。群れが速度を上げれば、自分の動きも速くなる。群れが右に曲がるなら、自分も右に曲がろうとする。

この「全体の動き」を別の言葉で言い換えれば、「場」や「空気」ということになる。群れの中の個体は「場の空気」に自分の動きを合わせる。これもまた本能に近い。

イワシやムクドリは周囲の動きを瞬時に察することができるけれど、進化の過程で鋭敏な感覚を失った僕たちホモサピエンスは、コミュニケーションの媒介として複雑な言語を獲得した。だからこそ集団化の傾向が強くなったとき、僕たちは言葉を求める。あるいは指示。号令。つまり、強い言葉を発するリーダーを求め始める。

あなたはずっと集団化の時代に生きている

あなたがまだ生まれる前かもしれないけれど、一九九五年に起きたオウム真理教による地下鉄サリン事件によって、日本社会は不安と恐怖を激しく刺激され、集団化の時代が始まった。

そして二〇〇一年のアメリカ同時多発テロを契機に、不安と恐怖は世界に拡散し、群れようとする動きが加速した。つまり集団化が世界規模で発動した。

同時多発テロを起こしたアルカイダへの報復を大義に掲げたアメリカのブッシュ政権は、アルカイダと交流があったアフガニスタンのタリバン政権を攻撃し、さらにイラクのフセイン政権に対しては、大量破壊兵器を隠し持っていると虚偽の理由をこじつけて首都バクダッドに武力侵攻を行い、フセイン政権を崩壊させた。

ブッシュ政権のこの理不尽さについては、今のプーチン政権に匹敵する。その結果としてアルカイダだけではなく、ISなどイスラム過激派のテロを世界に拡散した。さらに二〇一一年の東日本大震災も、日本社会の集団化を加速させた。だからもしもあなたが地下鉄サリン事件以降に生まれているのなら、あなたはずっと、集団化が進行する時代に生きてきたということになる。

不安や恐怖を強く感じたとき、群れは全体で同質であろうとするために、異質なものを見つけて排除しようとする。なぜなら全体と同じ動きをしないものがいれば、群れ全体が不安定になるからだ。同時に群れは全体で同じ動きをするために、強い指示を発するリーダーを求めはじめる。こうしてアメリカ同時多発テロ以降、テロの不安と恐怖に対抗するために集団化を発動した世界各国で、移民排斥などを主張する右派政権と、強い号令を発する独裁的な政治家が支持を伸ばす。

現在の世界を見渡しても、ウクライナに侵攻したロシアのウラジーミル・プーチンだけではなく、中国の習近平、トルコのレジェップ・エルドアン、北朝鮮の金正恩《キムジョンウン》、ベラルーシのアレクサンドル・ルカシェンコ、ハンガリーのオルバーン・ヴィクトル、すでに退陣したけれどブラジルのジャイール・ボルソナールやフィリピンのロドリゴ・ドゥテルテ、何といってもアメリカのドナルド・トランプなど、一昔前なら独裁者と呼ばれかねない政治リーダーが、圧倒的な支持率を背景に国のトップに立っている。

アドルフ・ヒトラーやベニート・ムッソリーニ、ヨシフ・スターリンなど歴史に残る独裁者たちも、革命や戦争などで人々の心情が不安定化したときに現れることは共通している。

こうした独裁的な政権を日本のメディアや多くの人は右派政権と呼ぶが、政権を支持する人たちの政治信条は、民族主義や国家主義などを特徴とする右派思想とは微妙に違う。むしろ彼らの多くは、イデオロギーに強い興味を示さない。

ただし民族や言語や宗教と同様に、イデオロギーの違いも、自分が帰属する集団と他の集団を分けるときに重要な指標となる。その意味では疑似的右派だ。でもイタリアやドイツや大日本帝国などのファシズム国家の歴史を見れば、こうして始まった集団化が、やがて全体主義へと移行するケースは普遍的だ。危険さは変わらない。いや確固たる政治イデオロギーがないからこそ、暴走の可能性はより強く充塡されているとの見方もできる。そしてこのとき、デモクラシーは歯止めにならない場合がある。

第一次世界大戦で敗戦国となったドイツが戦後に制定したヴァイマール憲法は、国民主権、男女平等の普通選挙などに加えて生存権の保障なども規定して、この時代では最も民主的な憲法と称《たた》えられていた。

ところがその憲法下で行われた民主的な選挙の結果として、ヒトラー率いるナチスドイツは国民から熱狂的な支持を集め、ドイツは全体主義の時代へと移行した。

民主主義の基本は、主権を持つ国民一人ひとりの多数決だ。でも集団化が始まったとき、強い指示を発する政治リーダーや声の大きい人が、場や空気を決めることがある。そして多くの人は、場や空気に従属する。言葉にすれば同調。あるいは付和雷同。

今から一〇〇年以上も前に、フランスの心理学者ギュスターヴ・ル・ボンは、こうした集団を「群衆」と呼びながら彼らの心理や行動を分析して、一冊の本を発表した。日本語版のタイトルは『群衆心理』。

この本の中でル・ボンは、それまで西欧を支えていた伝統的な価値観が崩壊して不安を感じた人たちによって、群衆は近代の表舞台に現れたと唱えている。以下にル・ボンの考察を要約する。

多くの人は群衆の一人になったとき、「暗示を受けやすく物事を軽々しく信じる性質」を与えられる。そのときに重要視されるのは、論理ではなくて感情だ。だからこそ感情を刺激する力強い「標語」や「スローガン」によって、多くの人は「暗示」を受け、その「暗示」が群衆の中で「感染」してゆく。

為政者やメディアは、「断言」「反復」「感染」という手法を使いながら、「紋切り型のイメージ」「粗雑な陰謀論」「敵vs.味方などの単純図式」を強調する。極度に単純化されたイメージに暗示を受けた群衆は、ル・ボンの言葉をそのまま借りれば、「あるいは暴徒と化し」「あるいは無実の民を断頭台へと送り込む」などの暴走を始める。この状況になってしまうと、正しい事実の検証や論理などでは暴走を止めることができなくなるとル・ボンは警告する。

一八九五年にル・ボンが発表した『群衆心理』について、今の僕が補足することはほぼ何もない。不安や恐怖を刺激されることで、人は一人でいることが怖くなる。多くの人と連帯したくなる。理解することに時間がかかる論理よりも、「勇気をもらいました」とか「感動をありがとう」などと、簡単に多くの人と共有できる感覚を優先したくなる。みんなで一緒に怒ったり喜んだりしたくなる。集団の一員としての実感を求め始める。

こうして形成された集団は同質性を求める過程で、集団内部の異質な存在を発見し、これを排除しようとする。つまり学校のいじめと構造は同じだ。それが社会全体で起きる。このときに標的となるのは外国人や障害者、ＬＧＢＴ、ホームレスなど貧困層、被差別部落出身者に少数民族など社会的マイノリティだ。

集団は暴走する

集団内にいる人は、自分が集団内で異物になることを何よりも恐れるから、必死で周囲に同調しようとする。同調するためには周囲の動きを知らなければならない。つまり空気を読まなければならない。でも周囲の動きばかりに気をとられていると、自分たちがどこに向かっているのかわからなくなる。周りはみな同じ速度で動いているから、自分のスピードもわからなくなる。気がつけば全速力。こうして集団は暴走する。

二〇二二年一〇月、韓国・ソウルの梨泰院《イテウオン》で、ハロウィンで仮装したおおぜいの若者が群衆となって押し寄せ、折り重なるようにして倒れて一五四人が圧死した。あまりに死者数が多いので世界中で大きなニュースになったが、実のところこうした事故は、世界中で頻繁に起きている。

梨泰院の事件から一カ月ほど前、インドネシア・東ジャワ州マランでサッカーの試合を観戦していた観客の一部が興奮してピッチに乱入し、これを鎮圧しようと警察が催涙ガスを大量に使ったことでパニック状態となった群衆は、出口へと暴走しながら倒れて折り重なり、一三一人が死亡した。

二〇一五年九月には、イスラムの聖地であるメッカを訪れていた巡礼者たちが将棋倒しとなって、このときは二一〇〇人以上の人たちが圧死した。

少し時代はさかのぼるが、一九五六年一月一日、新潟県の弥彦《やひこ》神社で押し寄せた初詣客が群衆雪崩を起こし、一二四名が死んでいる。

もちろんここに挙げた群衆は、不安や恐怖があって群れ化した集団とは微妙に違う。でも暴走のメカニズムは変わらない。周囲が停まれば自分も停まることができるけれど、みんなが同じように走っているからそれもできない。やがて誰かが転ぶ。群衆は折り重なって転ぶ。あるいは断崖から落ちる。絶壁や岩にぶつかる。暴走する別の違う集団と衝突する可能性だってある。

こうして戦争や虐殺が起きる。特に二〇世紀以降、ほとんどの戦争は他国からの脅威に対する自衛や自国民保護を大義にしている。つまり正義だ。これには誰も反論できない。だからこそ摩擦が働かない。暴走しやすい。

ロシアがウクライナに武力侵攻したとき、プーチンが掲げた大義は、大きくは二つだった。ウクライナ在住のロシア系住民を保護するため。NATOがこれ以上拡大すると自国の安全保障が脅かされるため。ロシア国内の主要メディアは、政治リーダーであるプーチンのこの言葉を国民向けに「断言」しながら「反復」し、これに「感染」したロシア国民の多くは、ロシアの侵攻は自衛のための正義であり、ウクライナとこれを支持する西側諸国は悪なのだと今も信じている。

日本による中国侵略（満州事変）の口実とされた南満州鉄道爆破事件が、大日本帝国関東軍による自作自演だったことは戦後に明らかになっている。軍部の本音はアジアを支配することだった。ところがその一〇年後にアメリカに先制攻撃（パールハーバー）したときは、アジアを欧米列強の侵略から解放することが大義とされ、新聞はこれを「断言」「反復」して国民に伝え、「感染」した日本国民は軍部の暴走を熱狂的に歓迎した。

第二次世界大戦の始まりであるナチスドイツのポーランド侵攻も、ポーランドで迫害されているドイツ系住民を救出することと、第一次世界大戦における敗戦で失ったドイツ領を回復させて東方への「生存圏」を拡大することが大義とされた。その直接的なきっかけにされたのは、ポーランド住民によってドイツ領内のラジオ局が襲撃されたとするグライヴィッツ事件だが、これも南満州鉄道爆破事件と同様に、ドイツ軍による自作自演だったことが戦後に明らかになっている。

生存への不安と恐怖を刺激された集団は暴走する。多くの人が走り出したとき、自分だけ立ち止まり続けることは難しい。しかも国家という集団が暴走するときは、この動きに合わせない人は国賊とか非国民などと罵倒されるだけではなく、国家によって弾圧されたり逮捕されたりすることだってある。国家への反逆を理由に処刑される人だってたくさんいた。

だから集団化が始まったとき、多くの人は無意識に萎縮する。周囲に自分を合わせる。空気を忖度《そんたく》して自由に動くことができなくなる。もしもこのときメディアがしっかりと機能して権力を看視していたならば、少なくとも軍部の自作自演などは起こらなかったはずだ。でも集団化が始まったとき、萎縮と忖度のメカニズムは、メディアにも同様に働いている。

ドイツ国民がナチスドイツを選んだ理由について考察し続けたドイツ系ユダヤ人の社会心理学者エーリッヒ・フロムは、戦後に発表した著書『自由からの逃走』で、自由であることの孤独と責任に耐えられなかったからドイツ国民はナチスを選択した、と分析している。

自由とはむやみに他者と合わせないこと。個を保つこと。群れないこと。だから孤独と背中合わせだ。自分で判断しなければならない。その責任も自分に返ってくる。特に不安と恐怖が強くなったとき、多くの人はこの孤独に耐えられない。自由よりも束縛を選んでしまう。

人は実のところ自由に耐えられない生きものだ。むしろ適度な束縛を受けて安心する。フロムのこの指摘はとても重要だ。

テレビ・ディレクター時代、「放送禁止歌」をテーマにドキュメンタリーを作ったことがある。放送禁止歌とは何か。暴力的だったり性的に過剰だったり政治的に偏向していると判断されて、テレビやラジオなどパブリックなメディアで放送を禁じられた楽曲の総称だ。でも例えば、政治的な偏向とは誰が決めるのか。暴力的とは誰が判断するのか。その基準はどこにあるのか。

そんな思いで取材と撮影を始めてすぐに、放送禁止歌というシステムは実のところ存在していない、という事実に僕は直面した。要するに共同幻想。誰も禁止などしていなかったのだ。ところがテレビやラジオなど放送業界だけではなく、音楽業界や当のミュージシャン、さらにもちろん僕も含めて多くの人は、放送禁止歌というシステムや規制があるものだとすっかり思い込んでいた。

このときつくづく実感した。人は自由に耐えられない。むしろ適度な束縛を求める。ところがその束縛が暴走する。適度がエスカレートしてがんじがらめになる。日本のメディアは表現において、明文化された規制は実のところとても少ない。いわゆる放送禁止用語も含めて、そのほとんどが自主規制だ。つまりその気になれば、かなり過激な表現ができるのだ。

だからこそメディア関係者の多くは、内心は明確な規制がないことを怖《おそ》れている。規制が欲しくなる。だって規制の内側にいれば安全なのだ。だから規制を作る。自分たちで。そして規制を自分たちが作ったことを忘れてしまう。そして規制が多すぎて表現ができないよ、などとため息をついている。その象徴的な存在が放送禁止歌だ。
集団化は僕たちホモサピエンスの本能だ。群れて生きることを選択したからこそ、萎縮や忖度が起きる。ならば放送禁止歌という幻想は世界共通のシステムなのか。僕が調べた範囲ではそうではない。きわめて日本的だ。

強い絆と同調圧力

エスニック・ジョークという言葉をあなたは聞いたことがあるだろうか。エスニックとは民族。つまり世界の民族の文化や習俗の違いをネタにしたジョーク。差別的な要素もあるからあまり取り上げるべきではないけれど、でもよく知られたエスニック・ジョークのひとつくらいなら、知っておいても損はない。

多くの国の人が乗っている「タイタニック号」が沈没しかけたとき、船長は乗客たちに、速やかに船から海に飛び込むように指示しなければならなかった。ただし「タイタニック号」のデッキは高い。下は海面とはいえ、高さはビルの五階くらいある。さすがにみんな飛び込みをためらっていると、国別対応マニュアル（男性用）を手にした船長は、乗客それぞれの国籍に合わせてこう言った。

アメリカ人には「もしも飛び込めば、あなたは英雄として称えられるでしょう」
イギリス人には「あなたがもしも紳士ならば、迷うことなく飛び込むはずですよ」
ドイツ人には「昨日、お国の法律で飛び込むことが決まりました」
イタリア人には「海面には綺麗な女性がたくさん浮かんでいますよ」
フランス人には「絶対に飛び込まないでくださいね」
そして日本人には、「みなさん飛び込んでいますよ」

ついでにもうひとつ。

とても重要な国際会議が始まった。
開始一時間前に、ドイツ人と日本人が到着した。

三〇分前にはユダヤ人が到着した。
一〇分前になってイギリス人が到着した。
開始時間ぎりぎりに、アメリカ人が間に合った。
五分遅刻して、フランス人が到着した。
一五分遅刻して、イタリア人が到着した。
三〇分以上経ってから、スペイン人がようやく現れた。
ポルトガル人がいつ来るのかは、誰も知らない。

これは日本国内だけではなく、世界の人たちが口にするジョークだ。つまりそれぞれの国の人は、世界からはこのようなイメージで見られているということ。とはいえジョークだ。あまり深刻に捉えすぎないほうがいい。でもあなたに知ってほしい。かつて同盟国だったドイツと日本は、規則や規律を重んじる国民性としては世界の双璧だ。そして日本人の集団性の高さと場への馴致《じゅんち》能力の強さは、やはり世界の折り紙つきだ。

オリンピックやサッカーのワールドカップなど国際的なスポーツの試合が行われるた

びに、日本人観客が試合終了後に周囲のゴミを拾って持ち帰ったなどと報道される。世界が称賛する日本の美徳。確かに決して悪いことではない。でも何か引っかかる。

北朝鮮で式典が行われるたび、国民たちの壮大なマスゲームが披露される。多人数が集まって体操やダンスなどを一斉に行う集団演技。全員が同じように動く。全員で調和する。圧巻だ。でも実はこのマスゲーム、かつては日本のお家芸であり、北朝鮮は日本から学んだと言われている。独裁政権として知られたチャウシェスク政権下のルーマニアでも盛んにおこなわれた。そしてマスゲームの「マス」の語源である「Masse」はドイツ語だ。これとゲームを合わせたマスゲームという呼称は日本発祥だが、今では世界共通の名称になっている。

何度も書くけれど、集団には大きな副作用がある。大きな被害を生むことが少なくない。歴史の縦軸を見ても今の世界情勢である横軸を見ても、そんな事例はいくらでもある。戦争や虐殺も含めて、大きな悲劇のほとんどは集団化が暴走した帰結として起きる。だからこそ僕たちは、集団の過ちとそのメカニズムを知るべきだ。歴史を学ぶべきだ。教訓をしっかりと身に刻むべきだ。

人はなぜ闇を恐れるのか。例えば夜の森。あなたは一人で歩けるだろうか。あるいは夜の海。あなたは一人で泳げるだろうか。僕には無理だ。特に夜の海は怖い。あるいは子供のころ、押し入れの中やベッドの下に何かが潜んでいるような気がして、夜中にふと目を覚まして怖くなったことはないだろうか。

夜は怖い。なぜならばかつて僕たちの先祖は、闇に紛れて襲ってくる天敵の存在におびえていたからだ。その記憶は遺伝子に刻まれている。だからこそ集団化は人類の本能に近い。夜の森だとしても、もしも団体で行動しているならば、怖さは半減するはずだ。このときに大切なのは規律正しさだ。みんなで同じように動けば、怖さはもっと軽減する。

遺伝子に刻まれた本能に近いということは、世界中のどの民族にも共通しているということでもある。ただし僕たち日本人は、この傾向がちょっと強い（と僕は思う）。つまり団体行動が得意なのだ。

日本人の集団性が強い理由として、稲作を挙げる人がいる。なぜなら米は日本人の主食だ。そして稲作にとって水利は重要だ。もしも自分の田んぼだけで水の流れを塞《せ》き止めたら、他の田んぼが大きな損害を被ることになる。誰かが水を汚したら、村全体が損害を受ける。稲刈りなども村全体でなるべく同じタイミングでやらないと、残された田んぼが害虫などの被害を受ける。

こうして村落共同体的メンタリティが形成される。強い絆と同調圧力。これを破ると村八分という処罰を受ける。つまり仲間外れ。その家や家族を村全体でシカトする。これはつらい。だから全体で同じ動きをしようとする傾向が強くなる。調和と規律正しさが美徳とされる。

でも稲作は日本だけではなく韓国や中国などにも共通しているけれど、場や空気を重んじる傾向は、日本が突出して強い（と僕は思う）。だからこそ「タイタニック号」のジョークでも日本人がとりあげられる。あなたがもしも韓国や中国の街を歩いたことがあるならば、日本人よりは自己主張が強い人が多いと感じるはずだ。場の空気を日本ほどは読まない。調和や規律正しさを日本人ほどに求めない。中国や韓国のサポーターたちが、試合後にゴミを拾って帰るイメージを僕は思い浮かべられない（これは決して悪い意味ではない）。

かつてテレビ・ディレクターの仕事をしていたころ、韓国から日本の大学に学びに来た留学生を被写体にしたドキュメンタリーを撮ったことがある。ロケが始まって数日が過ぎたころ、大学の教室で待ち合せていた彼女は、なぜだかとても怒っていた。「どうしたの？」と訊《たず》ねたら、「日本の大学生はなぜ一人でトイレに行けないのですか」と彼女は言った。意味がよくわからない。首をかしげる僕に彼女は説明してくれた。授業が終わって休み時間になるたびにクラスメートたちが寄ってきて、「ねえトイレに行かない？」と言ってくるという。

それはある意味で社交辞令。でも彼女にはそれがわからない。フィンランドから来て日本に三年ほど滞在していた女性から、「日本では芸能人が不倫などのスキャンダルを起こしたとき、なぜ記者会見で謝罪するのですか」と質問されたこともある。「私も含めてほとんどの人は、この人が起こしたスキャンダルで迷惑など受けていません。謝罪される理由がわかりません」

少し考えてから、「世間を騒がせたから、という理由かな」と僕は答えた。

「世間って私たちですか。でも騒いだのはメディアです」と彼女は言った。

僕はうなずいた。まったくその通り。まだ日本に来て数年しかたっていない彼女に、日本の世間について説明することはなかなか難しい。

そもそも世間という言葉は外国語に訳しづらい。当てはまる言葉がないのだ。例えば英語ならばSociety（社会）かWorld（世界）。でも僕たちが使う世間のニュアンスとは微妙に違う。People（人々）かPublic（公共の）などを訳語として並べている辞書もあるけれど、やっぱり日本語の世間の意味に、ぴたりとは嵌《はま》らない。

僕は彼女に説明した。世間をわかりやすく言えば多くの人の目。あるいは空気。日本ではこの圧力がとても強い。これに逆らうことは難しい。だからスキャンダルを起こした芸能人は、具体的な誰かではなく、カメラの向こうにある世間や空気に謝っているのだと思う。僕のこの説明に対して彼女は、まったく意味不明ですという顔をしていた。説明しながら僕もそう思う。まったく意味不明だ。でもこれが日本なのだ。

なぜ日本人は集団と相性がいいのだろう

いずれにせよ、日本人の集団性が強い理由は、稲作だけではないと僕は思う。島国であることも理由のひとつかもしれない。世界で最も旧《ふる》い王朝と言われる天皇制が、日本人のメンタリティに大きな影響を与えているとの説もある。

理由はきっとひとつではない。他にもあるはずだ。僕も考えている。なぜ日本人は集団と相性がいいのか。規律正しいのか。マスゲームなど団体行動が得意なのか。世間とは何なのか。試合終了後にみんなでゴミを拾うのか。こうした考察は、日本人とは何かを考えることときっと重複する。

理由を考えることはもちろん大切だけど、その前にもっと大切なことは、僕たち日本人はとても強い同調圧力のなかで日々を送っていることに気づくこと。そして自分もその同調圧力を受ける一人であると同時に、無意識のうちに発する側にもいる一人なのだと自覚すること。

集団で生きることを選択したから、僕たちホモサピエンスは言葉を駆使する高度なコミュニケーションが必要となり、文字によって文化を継承することが可能になり、今の地球でここまで繁栄することができた。それは事実。弊害ばかりではない。群れることの恩恵も大きい。

戦争で核兵器を二つも落とされて広島と長崎は壊滅し、空襲で東京や大阪など主要都市のほとんどは焼け野原となって多くの犠牲者を出しながら、勤勉で集団力が強いからこそ、日本は戦後に驚異的な高度経済成長を成し遂げることができた。国土は小さくて資源もほとんどない国なのに、アメリカに次いでGNP世界第二位を達成した。まさしくミラクルだ。

でも同時に知ってほしいこと。この時代のサラリーマンは企業戦士と呼ばれた。そして戦争の時代には皇国兵士。二つの四文字熟語に共通することは滅私奉公。私(個)を滅して奉公する。奉公とは何か。辞書には「身をささげて公(天皇・国・主君)のために尽くすこと」とある。戦争の時代には皇国である日本と最高元首だった天皇に。そして高度経済成長期には自分が所属する企業や組織に。身をささげて尽くす。奉公する。

私を滅するとは、個の感情や意見を抑えこむこと。その日は気分が悪くても、マスゲームが始まったら全員と同じように動かなくてはならない。試合が終わったら早く帰りたいけれど、周囲でみんながゴミを拾っているから帰れない。不満があってもみんなが黙っているから、自分も沈黙しなくてはならない。

それは奉公される側の国や会社にとって都合がいい。でも個人の生きかたに視点を置けば、絶対に良いことではないはずだ。

だから考えよう。一概に組織を否定するつもりはない。人は組織や共同体に帰属しなければ生きていけない生きものだ。でも帰属の度合いが強すぎると個が不幸になる。何よりも、かつてのこの国の戦争のように、個が従属しすぎる組織は大きな過ちを起こす。多くの人が不幸になる。人類の歴史はそのくりかえし。だから学ぼう。歴史を知ろう。理由を考えよう。

第二章　集団の中で流されること

集団は危険な意思決定をすることがある

英語で groupthink という言葉がある。直訳すれば集団思考。この言葉に、「集団で議論や合議を行うときは、不合理で危険な意思決定が容認されることが頻繁にある」とのニュアンスを加えたのが、アメリカの心理学者であるアーヴィング・ジャニスだ。

事例としては、日本による真珠湾攻撃を充分に予想できなかったルーズベルト政権（と米軍首脳）、朝鮮戦争の際に中国が参戦する可能性を検討しなかったトルーマン政権、ベトナム戦争の泥沼化を想定できなかったジョンソン政権による戦争の拡大や、ウォーターゲート事件によって大きな打撃を受けることへの認識が欠如していたニクソン政権などを挙げながら、ジャニスはアメリカ大統領と側近たちが集団で議論するとき、大きな過ちを起こす可能性が高まることについて、さまざまな観点からリサーチしてその傾向をモデル化した。

集団思考は基本的に、戦時中や戦争の可能性が高まっているなどの危機的状況下において、特に強く発現する。ＣＩＡからは否定するレポートが提出されていたのに、大量破壊兵器を保持していると虚偽の主張を理由にイラクに武力侵攻を始めたブッシュ政権も、集団思考の過ちの典型だろう。大量破壊兵器など存在していないことはすぐにわかるのに、誰もその状況を想定していなかった。近年の翻訳では、集団思考ではなく集団浅慮と訳されることも多くなった。

日本には「三人寄れば文殊の知恵」という諺《ことわざ》がある。凡人でも三人集まって相談すれば、思いがけない良い知恵が浮かんでくる、という意味だ。普通はそう思う。一人で考え込むよりも複数の視点から議論したほうが、より現実的でより賢明な結論に導かれることが多いはずだ。

でも不安や恐怖で同調圧力が強まったとき、人は周囲の空気に流されることが多くなる。場の雰囲気に無意識に迎合してしまう。立場が上の人がいれば、その意見を忖度《そんたく》して自分を合わせようとする。その結果として、本来ならありえないはずの決定が導き出されてしまう。
このとき一人ひとりが個を保っていれば、その結論はありえない、と思うはずだ。反対意見を言うために手を挙げるかもしれない。でも全体の一部に埋没してしまうと、その発想が消えてしまう。あるいはもしもそう発想したとしても、それを口に出すことができなくなる。こうして集団はまちがえる。

集団思考が発現しやすい環境として、ジャニスは以下の条件を挙げた。

一　その集団が強く結束していること。
二　集団の下部からの意見が通りにくいこと。
三　集団が不安や恐怖など刺激の多い状況に直面していること。

こうした要素が重なったとき、集団は誤った思考と判断に陥る場合が多い。特に三は重要だ。一と二は三に付随すると考えてもいいかもしれない。

ジャニスはアメリカのホワイトハウスを事例として考えたが、アメリカ以外でもこうした事例はいくらでもある。戦争が長引けば絶対に連合国に勝てないとの冷静な分析がありながら、なぜ日本は欧米との戦争に踏みきったのか。ヒトラーを中心とするナチスドイツは、多くの国を敵とすることを知りながら、なぜポーランド侵攻を決めたのか。そしてドイツのヴァンゼー湖畔の邸宅に集まったナチス幹部たちは、なぜヨーロッパのユダヤ人を絶滅させようとの計画を、本気で現実化しようと考えたのか。

あるいは毛沢東と側近たちが始めた中国の文化大革命。カンボジアのクメール・ルージュによる大虐殺。そしてウクライナに武力侵攻することを決定したプーチン政権。一〇〇〇万人近い人を粛清した旧ソ連のスターリン政権。

ここに挙げたのは、あくまでも近現代史の範疇だ。もっと歴史をさかのぼれば、集団思考の誤りと悲惨な結果を示す事例は、まだまだいくらでもある。

一九三〇年代のドイツ国民の多くは、なぜナチスドイツを支持したのか。既得権益を持つ上流階級だけではなく多くの市民が、ヒトラーを熱狂的に支持しながら投票して、ナチスは政権を獲得した。

第一章でも触れたエーリッヒ・フロムは、代表作である『自由からの逃走』で、当時のドイツ人は自由であることの孤独と責任に耐えられなかったからナチスドイツを選択したと分析した。自由に耐えられなくなったとき多くの人は、以下の二つの傾向を示すとフロムは説いた。


自己より権威ある者へ絶対的に服従する。

自己より弱い者や異物に対しては強く攻撃する。


この二つは決して相反しない。むしろ共存する。不安や恐怖が強くなったとき、多くの人は思考の柔軟性を失い、政治リーダーや有名人など影響力の強い者（つまりインフルエンサー）の権威に従う傾向が強くなる。

権威に従うとは私を滅すること。個がなくなること。だから思考は単純化して陰謀史観などを簡単に信じ込み、自分が帰属する集団の意見や関心が、社会全般でも常識になっているとして捉える傾向が強くなり、外国人や少数民族、貧困層など社会的マイノリティを攻撃する傾向も現れる。

ここまでを読みながら、でもさすがにナチスドイツは例外的な存在であり、あのような状況が二度と歴史の表舞台に現れるはずがない、とあなたが思っているならば、フロムが提示したこの状況が、いまリアルタイムに起きていると僕は言わねばならない。それも世界で最も影響力の強い国で。

ドナルド・トランプとその支持者たちだ。

第四五代アメリカ大統領となったトランプは、Make America Great Again（アメリカを再び偉大な国にする）をスローガンにしながら、パリ協定やイラン核合意、中距離核戦力全廃条約と国際連合教育科学文化機関（ユネスコ）、さらに世界保健機関（WHO）など多くの条約や機関から、アメリカを離脱させた。要するに自分たちの利益を最優先するという姿勢を明確に示した。メキシコとの国境に高い壁を作ろうとした。大手メディアのほとんどをフェイクニュースだと罵倒しながら、新型コロナはただの風邪だと断言して多くの死者を出した。熱狂的な支持者たちは選挙への不満を漏らすトランプの意向を受けて、連邦議会議事堂襲撃事件まで起こしている。

もちろん、トランプにシンボライズされる今の共和党と、ヒトラーがトップにいたナチス党がイコールだとは思わない。アメリカは確かに、傲慢で自己愛と腕力が強い。でもウォーターゲート事件やペンタゴン・ペーパーズが示すように、多くのメディアは権力監視をしっかりと行っている。つまりジャーナリズムが機能している。

ほとんどのメディアがブッシュ政権に従属したイラク戦争開始時など例外はあるけれど、でも真相に気づいたアメリカのメディアは、すぐに政権批判へと舵《かじ》を切った。揺れ幅が大きいのだ。情報開示と言論の自由は揺るがない。トランプ大統領時代にも、さんざんに罵倒されながらも、こうしたメディアの姿勢は揺るがなかった。なぜならこうしたメディアを支持する多くの人がいるからだ。

こうしたダイナミズムがあるからこそ、二大政党制が示すように、アメリカは激しく揺れながらも、その幅の大きさで最終的にはバランスをとる国だ。行きすぎると必ず反発が現れる。さすがにファシズムまではまだまだ距離がある。少なくともメディアが機能するかぎり。僕はそう思う。

……でも同時に思う。当時のドイツ国民だって、ファシズムの時代が数年後に現実化するとは、夢にも考えていなかったはずだ。

トランプと支持者たちを例に挙げたけれど、こうした状況はアメリカだけではない。ロシアと中国はプーチンと習近平を長期的な政治リーダーに置きながら、明らかに独裁的で専制的な政治体制になりつつある。いやもうなっている。

ヨーロッパの多くの国でも、難民問題などを契機にして、違う民族を攻撃しながら国家のまとまりを主張する右派政権が、国民の支持を集め始めている。

そして日本においても、圧倒的な支持を背景に長く続いた安倍政権は、憲法解釈変更や共謀罪創設、集団的安全保障への転換に内閣人事局を設置して人事権を掌握するなど、明らかに専制的な体制に向かう道筋を整備した。

敵が現れたとき私たちは集団化する

フロムと共にフランクフルト学派を代表するテオドール・アドルノは、フロムが分析した権威主義的パーソナリティを、民主主義的パーソナリティとの対置概念として設定した。

権威主義的パーソナリティとは何か。要するに「強気を助け、弱気をくじく」だ。強い権力には無条件で従い、弱いものには迫害する。イメージとしてはドラえもんのスネ夫だ。ジャイアンには絶対に服従。でものび太には強気。フロムとアドルノは家庭環境を重要視した。例えば権威主義の強い人は、父親の社会的地位や母親の美しさなどを誇る人が多い。権威主義の弱い人は、自慢や賞賛はあまりしない。ただし父親や母親の失敗談をユーモラスに語ったりして、両親への愛情を充分に感じることができるとアドルノは分析した。確かにスネ夫は、子供にとっての権威である親について自慢しそうだし、のび太についても何となく当てはまる。

もちろん、家庭環境だけが因子ではない。全体主義のメカニズムと起源について考察し続けた思想家のハンナ・アレントは、思考し続けることの重要性を強調する。思考が停まったときに、人は、権威に従属して組み込まれる。

もちろん多くの人は、自由や平等など民主主義的な価値の大切さは知っている。でも何かの拍子に、権威に従属しながら弱者を貶《おとし》めようとする傾向である権威主義的パーソナリティが強くなる。これもアドルノの考察だ。

この場合の「何かの拍子」とは何か。我々は敵の存在に脅かされているとの不安と恐怖に襲われたとき。人は思考を停めて集団化が起こる。自由や平等などの価値はその瞬間に一気に下落する。

……フロムにアドルノ、アレントやジャニスが生きた時代は、第二次世界大戦から戦後にかけてだ。この時代の主なマスメディアは新聞とラジオと書籍。戦後にテレビジョンが普及して、そして戦争から七五年以上が過ぎた今、世界はインターネットの時代となっている。

あなたはもしかしたら、生まれたときから身近にネットがあったデジタル・ネイティブ世代だろうか。もしもそうならば、ネットやSNSに対する感覚は、僕のような世代とはだいぶ違うはずだ。

電子掲示板やSNSなど自分と似た意見や嗜好《しこう》を持った人々が集まる場において、自分の意見や嗜好が多くの人から肯定されることで、それらが正解であるかのごとく勘違いする現象がある。これがエコーチェンバー現象だ。

エコーの意味は「やまびこ」や「こだま」。チェンバーは「部屋」や「会議室」。つまり密閉された空間で声がこだますること。第一章で言及した集団思考が、実際の会議室ではなく、デジタル上の仮想空間で展開する現象だ。

例えば「オムライスが大好き！」とあなたが叫ぶ。すぐに「いいね！」や同じ声が周囲に溢《あふ》れる。あなたは思う。世界中の人がオムライスを大好きなのだと。

まあオムライスならば嫌いな人は確かに少ないかもしれないが、これがナマコ酢やゴーヤーチャンプルならば、苦手な人はけっこういるはずだ（僕は大好きだけどね）。ところがこだまのように反復される多くの声を聞きながら（それは実のところ少数派かもしれないのだけど）、世界中の人がナマコ酢やゴーヤーチャンプルを大好きなのだと思ってしまう。

価値観の似た者同士で交流したり共感したりすることによって、その意見や嗜好が増幅する現象がエコーチェンバーだ。本来ならばインターネットはグローバルだ。境界がない。世界にはさまざまな意見がある。それに直接触れることが可能なメディアだ。でも結局のところ、人は自分と同じ意見を持つ人と繋《つな》がりたくなる。違う意見など聞きたくない。できれば視界に入れたくない。存在しないと思いたい。

こうして無制限に開かれているはずのネット上の空間で、閉鎖的な集団（コミュニティ）が形成される。ネットがなければ出会うことがなかった人たちだ。集団としてまとまった彼らは、意見や思想が違う集団を嫌悪して敵対する。

つまり集団化がネット上で起きる。しかもＳＮＳや掲示板などのフィルターを通すことで、その意見や思想はさらに増幅され、強化され、そして攻撃的になる。

ネットについては、章をあらためて書くつもりだ。ここで少しだけ触れた理由は、集団化による過ちは決して昔話ではなく、まさしく現在の問題であるということを実感してほしいからだ。

いま僕は、韓国の釜山《プサン》という都市のホテルの一室で、この文章を書いている。なぜ釜山にいるかというと、釜山で年に一回開催される国際映画祭に招待されたからだ。招待された理由は、一カ月前に撮影を終えたばかりの劇映画をプロモーションする場を提供してもらったから。

今からおよそ一〇〇年前、日本で多くの朝鮮人が殺害された。殺された人の数など正確な記録は残っていないけれど、少なく見積もっても六〇〇〇人以上が殺害されたと言われている。

誰が彼らを殺したのか。軍隊や警察だけではない。基本的には一般市民だ。つまり僕やあなたと同じ人たちが、朝鮮人を大量に殺害した。なぜ殺したのか。なぜ殺されたのか。それをあなたに知ってほしい。記憶してほしい。これは絶対に忘れてはいけないこの国の近代史のひとつだ。

集団であやまちを犯した結果どんなことがあったか

一九二三年九月一日一一時五八分。関東地方を大きな地震が襲い、大規模な火災も発生し、死者と行方不明者の総数は約一〇万五〇〇〇人という大惨事となった。壊滅的な打撃を受けた関東地方の都市機能はほぼ停止して、社会秩序も激しく混乱した。さらに余震も続いて多くの人は不安と恐怖に襲われ、内務省は戒厳令を宣告して、関東各地の警察署に治安維持に最善を尽くすことを指示した。

このときの文書の中に、「混乱に乗じた朝鮮人が凶悪犯罪、暴動などを画策しているので注意すること」との記述があった。生き残った多くの人が不安と恐怖に襲われるなか、「朝鮮人が暴動を起こしている」「朝鮮人が放火した」「朝鮮人が井戸に毒を入れた」「朝鮮人が日本人を殺戮《さつりく》している」などの流言蜚語《ひご》が広まり、警察や新聞も情報を拡散した。

この時代にはテレビはない。ラジオは誕生していたけれど、日本ではまだ放送局が存在していない。もちろんネットなど影も形もない。マスメディアといえば新聞だけだが、震災で印刷所の多くが被災して、東京の新聞はほぼ機能停止していた。だから地方紙が朝鮮人の暴動を大きく報じたが、震災後の混乱が続いている状況で、関東地方に向かう汽車も停まっている。つまり記者たちは実際の取材をしていない。自分の目で見ていないし、裏取りだってもちろんしていない。記事のニュースソースは、警察や内務省からの曖昧な情報と、あとはほぼすべて噂《うわさ》だった。つまり流言蜚語。今でいえばSNSの投稿。あるいはつぶやき。それが増幅した。

長野県の「信濃毎日新聞」九月四日版には、「不逞《ふてい》鮮人脱獄して軍隊と大衝突」との見出しが大きく掲載されている。もちろんまったくのデマ。愛知県に本社を置いていた新聞である「新愛知」は九月五日の号外で、「不逞鮮人一千名と横浜で戦闘開始　歩兵一個小隊全滅か」「発電所を襲う鮮人」「屋根から屋根へ鮮人が放火して廻る」などと、これもまったく事実ではない記事を報じている。

当然ながら、これを読んだ人たちは、朝鮮人が襲ってくると危機意識を持つ。何とかして東京の親戚に伝えなくては、と思った人もいただろう。そうした声が増幅され、さらに拡散される。噂を信じた関東地方の市民たちは、竹槍などで武装して自警団を結成し、殺される前に殺さねばならないと朝鮮人狩りを始めた。だって自衛なのだ。これをいまの国防の言葉に言い換えれば反撃（敵基地攻撃）能力。これが大義となる。つまり正義だ。だから摩擦が働かない。不安と恐怖に襲われた日本人は集団化を起こす。

人類はなぜ戦争を止められないのか。有史以来、世界から戦争が消えた日は一日もない。

この理由を「人には闘争本能があるから」と説明する人がいる。それは違う。むしろ逆だ。戦争と手を切れない理由は、「人には自衛本能があるから」だ。殺そうと思って殺すわけではない。殺されると思うから殺すのだ。

ユダヤ人迫害はナチスドイツだけではない。有史以来ヨーロッパ全土で、国家を持たないユダヤ人たちは迫害され続けた。なぜならヨーロッパはキリスト教文化圏であり、ユダヤ人はナザレのイエスを殺した民族だ（実はイエスもユダヤ人なのだけど）。土地を所有できないユダヤ人は、金融業で富を得て多くの人からねたまれていたとの要因もある。シェイクスピアの『ヴェニスの商人』に登場する強欲な金貸しシャイロックは、ユダヤ人という設定だ。映画やミュージカルとして有名な『屋根の上のバイオリン弾き』は、帝政ロシア時代に迫害されて村から追われるユダヤ人のテヴィエ一家の物語だ。

差別や迫害は昔からあった。でもナチスによるユダヤ人虐殺（ホロコースト）までエスカレートした理由は、ユダヤ民族を放置すればゲルマン民族は滅亡するとの言説を、当時のドイツ国民の多くが信じたからだ。今だからバカじゃないかと僕たちは思えるけれど、当時はヒトラーを含めて多くのナチス幹部が、本気でこれを信じていた。もしくは信じたふりをしていた。

関東大震災時に殺されたのは朝鮮人だけではない。中国人も多数殺された。たまたまこの時期に関東に来ていた地方出身者も、聞き慣れない方言を理由に朝鮮人だと思われて、多数殺害された。なぜなら言葉が違う彼らは、集団における異物だから。自分たちに害為す存在だと思われているから。

このような事態が起きた理由はもう一つある。震災から一三年前である一九一〇年、朝鮮半島の権益を巡って日本とロシアのあいだで勃発した日露戦争が終わり、勝利した日本は大韓帝国を併合して統治下に置いた。日韓併合だ。

併合という言葉を使っているけれど、その実態は完全な植民統治といってよい。朝鮮全土を統治する朝鮮総督府が日本政府によって設置され、市民たちの政治集会は禁止され、総督府に土地を奪われた多くの農民は、中国東北部や日本へ移住することを余儀なくされた。

時代は少し後になるけれど、総督府は皇民化政策として朝鮮のすべての村に神社をつくって参拝を強要し、学校では朝鮮語を教えることを禁止し、創氏改名によって名前を日本式に変えさせた。

こうした圧政に対して、もちろん朝鮮に暮らす人たちも抵抗した。最も大規模な抵抗運動である三・一運動が起きたのは、震災から四年前の一九一九年。朝鮮各地で大規模なデモが行われ、その一部は暴徒化した。

これに対して総督府は警察と軍を投入し、暴力的に鎮圧した。その過程で双方に多くの死者が出た。こうした抗日運動は日本でも大きく報道され、朝鮮人は日本人に危害を加える暴力的な存在であるとのイメージが形成された。

特に関東大震災直前の時期は、土地を奪われた朝鮮人の日本への渡航が急増していた。行政当局は「内鮮融和」や「内鮮一体」などのキャッチフレーズを使って共存を宣伝しながらも、武力的なテロ活動を行う朝鮮人を意味する「不逞鮮人」という言葉を使い、新聞もこれに倣って凶悪犯罪が起きたときは、「不逞鮮人の仕業か」などのフレーズを当たり前のように使い、多くの人の不安と恐怖を煽《あお》り続けていた。

日本のメディアは不安や恐怖を煽り続ける

メディアは不安や恐怖を煽る。それは昔も今も変わらない。なぜならそのほうが、視聴率や部数が上がるからだ。

僕たちホモサピエンスは弱い。だから僕たちの祖先は、群れながらいつも天敵の存在におびえていた。でも今、学校や会社に通う道を歩きながら、いきなり天敵に襲われて食べられてしまうかもしれないと脅えている人などいない。なぜなら僕たちホモサピエンスにとっての天敵は、もうこの地球には存在していない。交差点を曲がると同時にライオンとかハイイログマに出くわしたなら、さすがに襲われるかもしれないけれど、彼らは基本的に、人が居住している地域で生息していない。少なくとも日本では、街を歩きながら大型肉食獣に襲われる可能性は限りなくゼロだ。

人類にとっての天敵はもういない。強いて言うのならウイルスや気候変動だけど、これに対しては、群れることでリスクを軽減できる相手ではない（むしろ大きくなる）。

でも僕たちのＤＮＡには、今も不安や恐怖の遺伝子が色濃く残っている。だから危機に弱い。「危ない」とか「逃げろ」などの声に敏感に反応する。

もしもこのとき、「安心です」とか「危機はもう去りました」などとアナウンスすれば、多くの人は「やれやれ」などと言いながらチャンネルを替える。あるいは別の記事を読み始める。だからメディアは不安や恐怖を煽る。視聴率や部数を上げるために、その気はなくても煽ってしまう。

ある意味でしかたがない。NHKは別にしてテレビ局も新聞社も出版社も営利企業だ。つまり高い売り上げが求められる。これを一概に批判できない。利益があるから社員やその家族は生活することができる。地方や海外に支局を置いて記者を派遣することも、利益があるから可能になる。もしも視聴率や部数が落ちれば、経費を削られて取材も自由にできなくなる。

こうしてメディアは、絶え間なく不安や恐怖を煽る。あるいは、視聴者や読者の好みに迎合する。もう一回書くけれど、ある意味でしかたがない。というか当然だ。チョコレートを作る企業は、チョコレート好きな人たちの好みに合わせる。缶コーヒーのメーカーだって、マーケット（市場）の嗜好や流行に敏感に反応する。企業としては当然なこと。

　でもメディアの場合は、市場原理だけではなくもうひとつの軸がある。ジャーナリズムの原理だ。事件や事故、災害などを伝えることだけがジャーナリズムの役割ではない。権力を看視する。不正や腐敗があればこれを伝える。社会的弱者や少数者の小さな声を多くの人に伝える。これらもジャーナリズムの大切な役割だ。もしも市場に合わせていたら、このジャーナリズム機能が衰退してしまう。だから企業が持つ市場原理とは切り離して考えなくてはならない。

　今の日本のメディアは、欧米など先進国に比べれば、メディアにおけるジャーナリズムの機能が明らかに弱い。普通の営利企業になってしまっている。

　理由は国民の多くが、政治権力の不正や社会的弱者の声に強い関心を示さないから。もちろん、ジャーナリズムの原理は、市場原理とは切り離さなくてはならない。それは大前提。でも建て前的でもある。本音を言えば、市場とジャーナリズムの原理は、かなりの領域で重複している。

　なぜワシントン・ポストとニューヨーク・タイムズは、政権からの報復を恐れずにウォーターゲート事件やペンタゴン・ペーパーズの存在を紙面に大きく載せて、ニクソン大統領を退陣に追い込むことができたのか。理由は当時のアメリカ国民の多くが、権力と闘う二紙を応援したからだ。

ベトナム戦争における国民への背信行為が書かれた極秘文書ペンタゴン・ペーパーズの存在をニューヨーク・タイムズがスクープした一九七一年、日米両政府は沖縄返還協定を締結した。しかしこのとき、米軍が負担するはずだった土地の原状回復費などを日本側が（国民に内緒で）肩代わりすることなどを決めた密約があったことを、「毎日新聞」がスクープした。

でも結局のところこのスクープは、一部週刊誌によって記者と情報を提供した外務省職員との不倫問題へとスライドして、国民の多くは佐藤栄作政権の不正よりも不倫スキャンダルに関心を示し、密約事件の真相は曖昧なままで終わってしまった。

記事をスクープした西山太吉《たきち》記者は、国から国家公務員法違反で起訴されて有罪判決を受け、ひっそりと毎日新聞社を退社した。

ウォーターゲート事件を暴いたワシントン・ポストのベン・ブラッドリーにボブ・ウッドワードとカール・バーンスタイン、そしてペンタゴン・ペーパーズの存在をスクープしたニューヨーク・タイムズのニール・シーハンたちが今も国民的な英雄であることに比べれば、この違いはあまりに大きい。ちなみにスティーヴン・スピルバーグが監督して二〇一七年に公開された「ペンタゴン・ペーパーズ／最高機密文書」では、主役のボブ・ウッドワードをトム・ハンクスが演じている。

二〇〇〇年にアメリカは、沖縄返還をめぐる密約の存在を裏付ける内容の公文書を、情報公開法に即して公開した。密約締結時にはその存在を全否定した外務省の吉野文六米局長も、その後に一転して、密約の存在を認めている。民主党政権時代には岡田克也外相が密約の存在を前提に調査委員会を立ち上げたが、再び政権を握った自民党は今に至るまで、密約の存在を公式には認めていない。

まったく同じ時期に、日本とアメリカ双方で、政治権力による国民への背信行為を新聞がスクープした。でもその後の展開はまったく違う。アメリカ国民は権力と闘うメディアを応援して、ワシントン・ポストとニューヨーク・タイムズ以外のメディアも連帯して政権を退陣に追い込んだが、日本国民は政権がリークした記者の不倫問題に熱狂して、メディアも足並みがそろわず、結果として政治権力は勝利した。メディアの敗北だ。

ここで少しだけ補足するが、不倫問題はともかくとして、記事にする前に野党の政治家に情報を渡した西山記者の取材姿勢に、問題があったことは確かだ。さらに取り調べが始まったときも、情報提供者を守るという最低限のルールを守らなかった。だからメディアは連帯しづらかった。

でもそうしたマイナス要因は差し引いても、権力を看視して不正をチェックするというジャーナリズムの使命が後回しにされてよいはずはない。多くの記者はそう思っていたはずだ。でもおそらく彼らは同時に、不倫問題に国民の多くがあっさりと関心を移す過程を見ながら、国民がこれほどに政治権力の不正や知る権利に無関心であるならば、俺たちメディアは闘えない、とも思ったはずだ。

メディアやジャーナリズムが健全に機能するためには、社会にも一定の成熟度が求められる。残念ながら沖縄密約問題がスクープされたあの時期、日本の社会はジャーナリズムを支えるほどに成熟していなかった。

ならば今はどうか。この社会は成熟しているのか。半世紀が過ぎて、少しは前に進んだのか。それはあなたに考えてほしい。

善なる存在として人は生まれるが、環境によっていかようにも変わる

日本人はなぜ、集団化しやすくて多数派になびきやすいのか。最近の研究では、不安や恐怖に関わる遺伝子として、セロトニントランスポーター遺伝子の存在が明らかになってきた。この遺伝子のL型を持つ人は楽観的な傾向が強くなり、S型を持つ人は不安や恐怖を感じやすい。

アジア系は全般にS型が多いが、特に日本人は突出して高い。五人に四人がS型という統計もある。だからこそ日本人は不安や恐怖のバイアスに弱く、集団との親和性が高いとの見方はできる。

メディアは市場原理で不安と恐怖を煽る。そして政治権力も他国の脅威をことさらに強調して、やっぱり不安と恐怖を煽る。ヒトラーはユダヤ人の脅威を煽った。ニクソンやジョンソン大統領は共産主義は際限なく感染するとして、ブッシュ大統領はイラクの

フセイン政権が大量破壊兵器を保持して世界の民主主義を攻撃しようとしているとして、プーチン大統領はＮＡＴＯがロシアの安全保障を脅かしているとして、金正恩《キムジョンウン》も含めて歴代の北朝鮮政権はアメリカの凶暴さを煽り、安倍首相以降の日本の政権は北朝鮮のミサイルと中国の脅威を煽り、支持率を上げようとする。

なぜなら不安と恐怖を煽られた集団は強いリーダーシップを求め、政治リーダーが強硬に振る舞うほど支持率が上がるからだ。

今からほぼ一世紀前の一九二三年、未曽有の災害である関東大震災が起きる前から、朝鮮人に対する日本人の危険視は、ほぼ常態化しながら飽和していた。あとは火をつけるだけ。だからこそかつてない規模の災害に直面したとき、この混乱に乗じて朝鮮人が日本人に報復を始めるとの噂やデマ、流言蜚語を、多くの日本人があっさりと信じ込んでしまった。

さらにこの時期の日本は、大正デモクラシーの時代でもある。労働運動や自由民権運動、女性解放運動など支配権力に対する社会主義者らの抵抗や運動が全国規模で広がりつつあった時代だ。だからこそ、震災が起きると同時に、朝鮮人への敵視に乗じて反政府運動を行う社会主義者たちを一網打尽にしようと政治権力が画策したことは、多くの記録から明らかになっている。アナーキストとして有名な大杉栄《おおすぎさかえ》と伊藤野枝《いとうのえ》は、大杉の六歳になる甥とともに、後に満洲国建設の主要メンバーとなった甘粕正彦《あまかすまさひこ》率いる憲兵隊に殺害された。日本のプロレタリア演劇の祖と言われる平澤計七《ひらさわけいしち》を含めて一〇人以上の社会主義者が殺害された亀戸事件も、東京都江戸川区の亀戸《かめいど》署内で行われている。

……ここまでを読んで、あなたは思うかもしれない。具体的には何の罪も犯していない人を、警察や軍隊が拉致して拷問のうえに惨殺する。しかも甘粕事件では六歳の子供まで殺害されている。そんなことができるのだろうか。そんなことがこの国で本当にあったのだろうか。とても信じられないと。

でもこれはまさしく実際にあったこと。それもそんなに昔ではない。流言蜚語や噂、そして機能不全を起こしていたメディアが潤滑油となって、多くの人が殺された。多くの人が手を血で染めた。

日本の仏教宗派で最も信者数が多い浄土真宗は、浄土信仰に基づく鎌倉仏教の一つだ。法然《ほうねん》が説いた浄土往生の思想を、直弟子の親鸞《しんらん》が継承して説き、さらに親鸞の弟子たちが全国に布教した。その親鸞の逸話のひとつを以下に紹介する。

「浄土に行くための（親鸞）聖人の仰せならば、私はなんでもします」と胸を張る弟子の唯円《ゆいえん》に、親鸞は「では、人を千人殺してきなさい」と命じる。驚いて「私の器量では、とてもできません」と答える唯円に、「殺すことができない理由は、そういう縁がおまえにないからだ」と親鸞は言った。

「おまえが善人だから殺せないのではない。同時に、決して殺害はしてはいけないと思っていても、もしも縁がもよおすならば、おまえは百人でも千人でも殺せるのだよ」

原文で最後のフレーズは、「さるべき業縁のもよほせば、いかなるふるまひもすべし（縁さえあるならば、人はどんなことでもしてしまうのだ）」。

この「業縁」を、僕は「環境設定」と訳す。善なる存在として人は生まれるが、環境によっていかようにも変わる。

ポーランドにあるアウシュビッツ／ビルケナウ強制収容所に行ったとき、最後の所長だったルドルフ・ヘスが居住していた家に案内された。子煩悩で家族思いのヘスは、ドイツから妻と五人の子供たちを呼びよせて、鉄条網の外に小さな家を建てて家庭菜園も作り、一家仲良く暮らしていた。

もちろん家はもう解体されている。でも敷地は残っていた。ふと目を上げて、僕は衝撃を受けた。その家からユダヤ人の遺体を焼いていた焼却所までは、歩いて数分の距離だったのだ。仲睦まじく暮らす家族たちの目に、煙突から立ち昇る黒い煙はどのように映ったのだろう。あるいは見ないようにしていたのだろうか。妻と五人の子供たちは、煙の下で何が燃えていると思っていたのだろうか。処刑台に送られる直前に、ヘスは以下の言葉を残している。

私は、それと識《し》らずして、第三帝国（筆者注・ナチス）の巨大な虐殺機械の一つの歯車にさせられてしまった。その機械も打ち砕かれ、エンジンが止まった今、私はそれと運命を共にしなければならない。世界がそれを要求するから。

『アウシュヴィッツ収容所』（ルドルフ・ヘス、片岡啓治訳、講談社学術文庫、一九九九年）

ヘスと同じくナチス親衛隊員でユダヤ人移送の最高責任者だったアドルフ・アイヒマンは、戦後に名前を変えて潜伏していたアルゼンチンで、イスラエルの工作員に拘束されて裁判にかけられた。工作員たちはアイヒマンをずっと看視していた。でもこの痩せた貧相な男が、残虐なホロコーストのキーパーソンだったという確証はつかめない。

しかしアイヒマンは拘束された。なぜ工作員たちは、彼がアイヒマンであるとの確証を持てたのか。その日はアイヒマン夫妻の結婚記念日だった。仕事帰りにアイヒマンは花屋に寄った。妻に花をプレゼントするために。

愛妻家で子煩悩なアイヒマンは、何百万人ものユダヤ人を収容所に送り続けた男でもある。イスラエルの首都であるエルサレムで行われたアイヒマンの法廷は、ラジオとテレビでイスラエル国外でも視聴できることが決定した。なぜなら、ナチス最後の戦犯と呼ばれた男の裁判なのだ。しかもユダヤ人移送の責任者。ホロコーストの最終決定（ユダヤ人問題の最終的解決）に関与したとも言われている。
もうすぐ冷酷で残虐なモンスターが被告席に現れる。そう思って固唾《かたず》をのんでいた多くの人は、やがて期待を裏切られる。法廷に現れたアイヒマンは痩せて眼鏡をかけた貧相な男で、外見だけではなく受け答えも含めて、企業の中間管理職というイメージだった。

この法廷を傍聴したハンナ・アレントは「凡庸な悪」という言葉を想起して、その著書『エルサレムのアイヒマン』において、アイヒマンの罪は多くの人を殺したことではなく、思考停止してナチスという組織の歯車になったことだと書いている。

ヘスとアイヒマン。ホロコーストのキーパーソンだった二人は、思考停止して組織の一部になってしまったことが共通している。二人だけではない。ナチス宣伝相のヨーゼフ・ゲッベルスや副総統だったヘルマン・ゲーリング、金髪の野獣と言われたゲシュタポ長官ラインハルト・ハイドリヒ、親衛隊のトップにいたハインリヒ・ヒムラー、ホロコーストに加担した彼らナチス高官たちも、組織の歯車として多くの人を殺害し続けた。

そして総統の位置にいたアドルフ・ヒトラーもまた、環境設定によって百人千人万人を殺せる男になったのだと僕は思っている。

二〇一八年七月、オウム真理教の一連の事件によって死刑判決が確定していた麻原彰晃《あさはらしょうこう》と一二人の元弟子たちが処刑された。一二人の弟子のうち、僕は六人と面会を続けた。冷酷で凶暴な男など一人もいない。みな礼儀正しくて穏やかで優しい男たちだった。でもその彼らが、おおぜいの人を殺害した事件に加担したことも確かだ。

悪は悪の形などしていない。人は優しくて善良でありながら、たくさんの人を殺すことができる。虐殺や戦争はその典型だろう。

流言蜚語や噂。これを現代に置き換えれば、あなたが持つスマホがその発信ツールとなる。つまりネット。特にSNS。

ときおり考える。もしも関東大震災が起きた時代にスマホがあったなら、みんながSNSを利用していたのなら、虐殺は起きていただろうか。あなたも想像してほしい。
一　同じように起きた。

二　もっと激しくなった。
三　むしろ沈静化した。

正解は僕にもわからない。だから今も考え続けている。流言蜚語も結局はメディアだ。そしてSNSはその進化系。ならば虐殺はより大規模になった。そう考えることはできる。でもSNSには煽るだけでなく、火消しの機能もある。

ネットで拡散されるデマ情報

二〇一六年四月に熊本地震が起きたとき、「熊本の動物園からライオンが逃げた」というデマ情報を写真と共にツイッターに投稿した二〇歳の男性が、熊本市動植物園の業務を妨害したとして偽計業務妨害の疑いで逮捕された。

まさしく交差点をライオンが歩いている。これは怖い。しかも地震直後だ。それでなくても不安が高まっている。このツイートを見た多くの人は、これは大変だとあわててリツイートして、この情報は一気に拡散した。

でもこの写真、よく見ると日本の都市ではない。逮捕された男性はネットで拾ったと供述している。後にこの写真が撮られたのは南アフリカのヨハネスブルグであることが明らかになった。しかも訓練されたライオンだ。映画撮影中の一コマだったのだ。

しっかりと写真の細部を確認すれば、熊本どころか日本の都市でないことはすぐにわかる。でも多くの人はそこまでしない。見た瞬間にリツイートやいいねをクリックする。こうしてデマが拡散する。熊本市動植物園にはこのとき、一〇〇件を超える抗議や問い合わせの電話が殺到したという。

ラジオもテレビもなかった関東大震災時に比べれば、今のメディアは圧倒的に進化した。でもならば、これを使う人たちの意識は変わっただろうか。メディアに振り回される傾向は、今のロシアとウクライナの戦争を考えても、むしろ大きくなっていないだろうか。だとしたら、また同じことが起きるかもしれない。しかもより大規模に。

ロシアによる武力侵攻が始まってまもない二〇二二年三月一六日、ウクライナ国民に対して降伏を呼びかけるゼレンスキー大統領の動画がフェイスブックとYouTubeに投

「熊本の動物園からライオンが逃げた」というツイッターに添えられていた写真。日本ではなく南アフリカで撮られたもの。神奈川の男性の投稿だった。

稿されて、ウクライナ国民だけではなく世界の多くの人が驚愕《きょうがく》した。いったい何が起きたのかと多くの人は思ったはずだ。

結論から書けば、この映像は作られたものだった。つまりフェイク。AIのディィープラーニングを活用して（少し専門的に書けば、機械学習の一種である「オートエンコーダー」のアルゴリズムを応用して）、顔を入れ替えるだけではなく音声データも合成して、言葉に合わせて口の動きも作れば、まさしく本人が話しているような動画ができあがる。これが「ディープフェイク」。今はスマホでそのアプリが出回っているから、あなたも見たことはあるかもしれないし、このアプリを試した人もかなりいるはずだ。

それはそれで楽しい。でもないものをあるかのように装うこの技術が、ゼレンスキー大統領の降伏宣言のように政治的な意図をもって使われたならば、多くの人が誘導され、世界は大きな影響を受けてしまう。

ネットがこれほどに身近になる前は、テレビが情報拡散の役割を果たしていた。イラクが隣国のクウェートに侵攻した一九九〇年、ナイラと名乗るクウェートの少女が「イラク軍兵士がクウェートの病院で保育器に入った新生児を殺戮している」と涙ながらに語る様子が、アメリカの大手ネットワークであるABCやNBCのニュース番組で放映され、数千万人のアメリカ国民が視聴した。

この証言は世界的なニュースとなり、多くの国で反イラク感情が高まり、国民から強い支持を受けたジョージ・H・W・ブッシュ（パパ・ブッシュ）政権が軍を送ることを決定したことで戦争はさらに拡大し、より大規模な湾岸戦争が始まった。

戦争終了後、この少女はナイラという名前ではないことが明らかになった。彼女はクウェートの駐米大使の娘であり（つまりイラクによるクウェート侵攻時にはアメリカに滞在していた）、涙ながらに語ったその証言は、クウェートとアメリカ政府の意を受けた反イラク煽動《せんどう》キャンペーンの一環だった。

メディアが介在した反イラク煽動キャンペーンによるフェイク報道は、このナイラ証言以外にもう一つある。油にまみれた水鳥の写真だ。

写真には「イラク軍がペルシャ湾へ原油放出をした」との説明が加えられていて、アメリカはこれを環境テロとして、イラクを激しく批判した。要するにナイラ証言とこの写真によって、イラクは世界の悪役となったのだ。

このとき日本も、反イラクの世論が高まり、多国籍軍の一員として莫大な戦費を支援することが国会で決定した。

でもこの写真も、後にフェイクであることが明らかになる。水鳥をべったりと覆う原油は、よりによってアメリカが攻撃したイラクの原油貯蔵施設から流出したものだった。

補足せねばならないが、この二つの歴史的な誤報においてメディアは、決して作為的にフェイクな報道をしたわけではない。でも（ニュース）ソースの確認や裏取りなどの手順をいつものように取っていれば、おそらくは防げた誤報だ。しかし戦時下においては、社会と同様にメディアも浮足立つ。さらに記者やデスクたちも、感覚や感情は一般の人と変わらないから、新生児が殺されているとか生きものたちが油にまみれているとの一報を知ったとき、絶対に許せない、と怒りに震えたことも想像できる。

「ソースは大丈夫なのか」とか「なんかおかしいぞ」と思った記者もいたはずだけど、高まる国内の戦意に水を差しづらくなる。下手なことを言うと、臆病者とか非国民などと罵倒《ばとう》され自分が標的にされる。それに自分の社だけではなく、多くの新聞やテレビが

イラク ペルシャ湾に原油放出
数百万バレルの可能性
サウジ沿岸汚染
米「環境テロ」と非難

油にまみれた水鳥の写真が使われた新聞記事（「朝日新聞」1991年1月26日夕刊一面）

ニュースにしている。きっと間違いない情報なのだろう。そう思って沈黙した記者もいたはずだ。つまりこのとき、イラク以外の世界のメディアが集団化を起こしていた、との見方もできる。

ただし悪質な誤報もある。アメリカ同時テロから一年後である二〇〇二年九月八日、ニューヨーク・タイムズは一面トップで、イラクのフセイン大統領は原子爆弾の部品調達を急いでいる、との記事を掲載した。これを書いたジュディス・ミラー記者は、イラクが大量破壊兵器を保持している決定的証拠はきのこ雲になるかもしれない、と読者の危機感を煽った。翌日にはチェイニー副大統領、ラムズフェルド国防長官、ライス大統領補佐官などブッシュ政権の重鎮たちがそれぞれ別のテレビ番組に出演して、ニューヨーク・タイムズの記事に言及しながら、イラクが大量破壊兵器を保有しているのは間違いないとあらためて強調し、速やかな武力侵攻の必要性を訴えた。この数日後にブッシュ大統領は国連総会で、核兵器をイラクが開発する前に叩《たた》くべきだと世界に訴えた。ちなみにこのとき、日本の小泉政権はイラクへの武力侵攻をテロへの闘いと称して、アメリカを強く支持している。

ただしこの時期、ブッシュ政権の嘘《うそ》を見抜いて大量破壊兵器は存在しないと報道した新聞もあった。弱小新聞のナイト・リッダーだ。政府の圧力に屈せずに、彼らは真実を報道し続けた。

でもフェイクは大きく広まる。刺激的だからだ。真実はなかなか伝わらない。地味だからだ。

国連総会でフランスと中国、ドイツやロシアは猛反対したが、アメリカは武力侵攻に踏みきった。イギリスやオーストラリア、日本などが強く支持したからだ。米軍はイラクで多くの市民と兵士を殺し、フセイン政権は瓦解したが、核兵器の部品も含めて大量破壊兵器はいっさい発見されなかった。

戦争終結から三年後にニューヨーク・タイムズは、自分たちのイラク報道は過ちだったと認め、ミラー記者が書いた多くの記事を挙げながら、間違えた理由のひとつは彼女が（反フセイン政権の）イラク亡命政府を重要な取材元にしていたからだ、と検証した。同時期にワシントン・ポストなど多くのメディアも、自分たちの過ちを検証する自己批判記事と、ブッシュ政権の嘘を批判する記事を大きく報道した。

開戦前のナイト・リッダーの孤独な闘いは、『Shock and Awe（衝撃と畏怖）』というタイトル（これはブッシュ政権が名付けたイラク侵攻の作戦名だ）で、イラク戦争終結後に映画として公開されて大きな話題になった。監督は『スタンド・バイ・ミー』や『恋人たちの予感』などで知られる名匠ロブ・ライナー。ちなみに邦題は『記者たち』だ。

この映画以外にも、ブッシュ政権のイラク侵攻の嘘をテーマにしたハリウッド映画は、『グリーン・ゾーン』『バイス』『フェア・ゲーム』『ハート・ロッカー』など数多い。いずれも超大作だ。だからアメリカでは、多くの人がブッシュ政権の嘘を記憶している。

アメリカだけではない。イラク侵攻を日本とともに支持したイギリスのブレア首相やオーストラリアのハワード首相は、大量破壊兵器がなかったことが明白になってから説明責任を要求された。開戦直前にイギリス政府の諜報機関《ちょうほうきかん》がブッシュ政権の陰謀に加担していたと告発する映画『オフィシャル・シークレット』は、イギリスとアメリカの合作で、世界的に大ヒットした。

でも日本の小泉政権の責任を問う声は、大量破壊兵器が存在していなかったとわかってからもほとんどないし、そもそも日本がアメリカのイラク侵攻を強く支持したことを覚えている日本人はほとんどいない。

一人ではしないことも仲間とならしてしまう

関東大震災の直後に多くの朝鮮人を殺害した自警団は、その名称が示すように集団だ。日本人が単独で多くの朝鮮人を殺害したという話は聞いたことがない。殺す側は常に複数だった。

なぜ殺すのか。憎いからではない。だって当時日本にいた朝鮮人と日本人とは、ほとんど交流はない。ましてや多くの日本人は朝鮮人を蔑視していた。バカにしていた。憎しみを持つ理由はない。

ここは大事なところだ。恨みや憎しみはないのになぜ殺したのか。怖いからだ。差別してひどい目に合わせているとの意識があったからこそ、多くの日本人は内心では後ろめたさがあった。恨まれていると思っていた。だからこそ震災後の混乱に乗じた朝鮮人から復讐《ふくしゅう》されるかもしれないと怖《おそ》れていた。

怖い。だから多くの仲間が欲しくなる。徒党を組みたくなる。「僕」や「私」など一人称単数の主語が、「我々」など複数代名詞か集団の名称になる。ならば述語も変わる。一人ならば越えることができないはずの一線を、仲間たちと一緒にいることで越えてしまう。

あなたはこのフレーズを耳にしたことがあるだろうか。

赤信号、みんなで渡れば怖くない。

もちろんこれは古典的なギャグだ。でも集団化したときの人の心理を、とても的確に言い当てている。一人ではできないようなことも集団ならばできてしまう。その究極の形は軍隊だ。

『2001年宇宙の旅』が代表作の映画監督スタンリー・キューブリックが一九八七年に発表した『フルメタル・ジャケット』は、アメリカ海兵隊の新兵としてキャンプで訓練を受けるレナードとジェイムズが主人公だ。

肥満体で動作がのろく集団行動が苦手なレナードは、教官に目をつけられて激しくしごかれ、連帯責任を負わされる同期生たちからはリンチを受ける。やがて精神に変調をきたしたレナードは、訓練をすべて終了する直前に、教官を銃で殺害して自殺する。無事に卒業してベトナム最前線に送られたジェイムズは、若い女性の狙撃兵を撃ち殺す。

戦争の狂気というフレーズはよく聞くけれど、正常で理性的な精神状態のままでは、人は優秀な兵士になれないのだ。第二次世界大戦時、最前線にいた米軍兵士のうち、実際に発砲していたのは五分の一だったとの統計がある。残り五分の四は引き金を引かなかった。人は人を簡単には殺せない。絶対に抑制が働く。そのように生まれついている。だからこそ軍は兵士を壊す。壊して軍隊という究極の集団の一部にする。つまりマシーンだ。『ローリング・サンダー』、『タクシー・ドライバー』、『ディア・ハンター』、『地獄の黙示録』、『ランボー』などベトナム戦争をテーマにしたアメリカ映画の多くは、戦場で壊れた元兵士が主人公であることが共通している。クリント・イーストウッドが主演・監督した『グラン・トリノ』は、朝鮮戦争でアジア人を殺してPTSDとなった老人の再生の物語だ。

軍隊だけではない。あらゆる集団は人を変える。全体の一部として個を失わせる。普通の情感や理性を奪う。

ただし何度でも念を押すけれど、集団化そのものは、決して悪いことではない。一人ひとりは非力でも、たくさんの人が集まれば大きな力になる。それは人類が進化の過程で獲得した大切なアドバンテージだ。

おじいさんが畑にカブの種を植えた。大きなカブができた。おじいさんはカブをつかんで引っぱったが、大きすぎて抜けない。

おじいさんはおばあさんを呼んだ。おばあさんがおじいさんをつかみ、おじいさんがカブをつかんで引っぱったが、やっぱりカブは抜けない。

おばあさんが孫娘を呼んだ。孫娘がおばあさんを、おばあさんがおじいさんを、おじいさんがカブをつかんで引っぱった。でも抜けない。

孫娘はイヌを呼んだ。イヌが孫娘を、孫娘がおばあさんを、おばあさんがおじいさんを、おじいさんがカブをつかんでひっぱったが、カブは抜けない。

イヌがネコを呼んだ。ネコがイヌを、イヌが孫娘を、孫娘がおばあさんを、おばあさんがおじいさんを、おじいさんがカブをつかんで引っぱった。それでもカブは抜けない。

ネコがネズミを呼んだ。ネズミがネコを、ネコがイヌを、イヌが孫娘を、孫娘がおばあさんを、おばあさんがおじいさんを、おじいさんがカブをつかんで引っぱって、ようやくカブが抜けた。

……これは、きっとあなたも読んだことがあるロシアの民話だ。同じような話は世界中にある。多くの人が力を合わせれば、ひとりではできないこともできるようになる。確かにそれは正しい。

今の僕たちの社会には、さまざまな集団がある。これを共同体という。家族や親戚。学校。町内会、自治会、会社、組合、協会、教団、NPO、趣味の会、NGO、サポーター、友の会、市や県など行政機関、そして国家、まだまだいくらでもある。ほとんどの人はこれらのいくつかに重なり合いながら帰属する。人は一人では生きられない。多くの人とつながりながら生きている。

近代以前ならば、社会的弱者は常に虐げられていた。でも今は違う。まだまったく不充分ではあるけれど、社会福祉やネットワークによって、多くの弱者が救済されるようになってきた。

功罪という観点から言えば、功はとてもたくさんある。でも罪もある。集団の副作用だ。方向をまちがえる。あるいは暴走が止まらなくなる。全体のために個を壊す。もしも一人ならば絶対にできないようなことをやってしまう。

「ちょっと待って、おかしい」と言えないのはどうしてだろう

多くの朝鮮人が殺害された関東大震災からおよそ半世紀が過ぎた一九七二年、日本の新左翼運動における過激派のひとつだった連合赤軍が、社会を震撼《しんかん》させるほどに大きな事件を起こした。

群馬県の山中に潜んでいた連合赤軍のメンバーのうち五人が、警察の追跡から逃れるために山から降りてきて、楽器メーカーの保養所だった浅間山荘に、管理人の妻を人質にしながら立てこもったのだ。

山荘を包囲した機動隊が人質救出作戦を行うが銃撃戦となり、機動隊員二名と民間人一名が犠牲になった。一〇日間にわたる警察と犯人との攻防はテレビで生中継されて、特に最後の機動隊突入と人質救出の瞬間は、民放とNHK合わせての視聴率が八九・七％に達した。これは日本のテレビ史において歴代最高の数字だ。

立てこもっていた五人は逮捕された。でも衝撃はまだ続く。彼ら五人が立てこもっていた山中のアジトで、一二人の遺体が見つかったのだ。遺体はすべて連合赤軍のメンバーたち、つまり彼らの同志だった。

これが山岳ベース事件。このとき、僕は中学生。実のところ「あさま山荘事件」が報道されていたときは、何となく学生ガンバレ的な雰囲気が、周囲の大人たちのあいだにあったような気がする。

ベトナム戦争に介入したアメリカに基地を提供して協力し、日米安全保障条約も延長しようとする日本政府に反対する学生たちが、国会前に何万人も集まってデモ活動を行っていた時代だ。戦争を体験した世代は当然ながら日本の戦争協力には反対だし、戦後に生まれた若い世代の多くも、反体制であることが当たり前だった。

でも山岳ベース事件が明らかになって以降、連合赤軍を少しだけ応援していた人たちも一気に冷めた。それを言葉にすれば、いくらなんでも、という気分だろう。なぜ仲間を殺せるのか。それが運動なのか。まったく理解できない。あきれはてた。もう応援はしない。

こうして日本の新左翼運動は大きな打撃を受け、そのダメージから今もリカバリーできていない。それほどにこの事件が日本社会に与えた衝撃は大きかった。

なぜ彼らは、これほど大量に仲間を殺したのか。殺せたのか。最初に報道されたとき、多くの人はその答えを持たなかった。でもやがて、少しずつ明らかになる。

連合赤軍はその名称が示すように、二つの組織が合体した組織だ。一つは赤軍派。そしてもうひとつは革命左派。どちらも過激な活動で知られていた。

この時期の新左翼運動は、総力をあげた警察によって幹部の多くが逮捕され、かなり追いつめられていた。金融機関への襲撃を何度も行っていた赤軍派には資金があり、革命左派には銃砲店から強奪した鉄砲と銃弾があったので、連合することのメリットはそれぞれにあった。

この段階で多くのメンバーは指名手配されており、都市部での潜伏は困難と判断した彼らは、群馬県榛名山《はるなさん》に山岳ベース（アジト）を設営し、総勢二八人の集団生活を始めた。

彼らは自分たちを兵士と呼んだ。革命のために戦う兵士たち。つまり彼らは疑似軍隊であり、集団生活は軍事訓練のつもりだった。実際に射撃訓練などを行っている。

結果としては二八人のうち一二人が、仲間たちから総括や自己批判を求められて、精神的な脆弱さを克服するためとして激しい暴力を受け、冬の山中に放り出され、次々と死んでいった。暴力を加える理由を赤軍派のリーダーだった森恒夫《もりつねお》は、気絶し目覚めたときには別の人格に生まれ変わって「共産主義化」された真の革命戦士になれる、とメンバーたちに説明していた。つまりこの暴行はあくまでも、総括のための援助であるのだと。

もしも自分がその場にいたら、と想像してほしい。「ちょっと何言ってるかわかりません」と言えるだろうか。「バカじゃないですか」と言えるだろうか。

誰もが抱くはずの疑問や反論だけど、最後まで誰も口にできなかった。言った瞬間に自分が総括を求められる可能性はある。さらに、仲間たちがみな沈黙していたから、森が主張するこの論理に疑問を持つのは自分だけなのだと考えたメンバーもいた。ならばまちがえているのは自分なのだ。森が主張するこの方向は正しいのだ。今は従うべきだ。

こうして暴行はエスカレートする。指輪をしていただけで革命戦士としての自覚が足りないと自己批判を求められ、殺された女性もいる。指輪は彼女の母親の形見だった。さらに取調べが進み、山岳ベースで一二人を殺害する前にも、二人の同志をスパイの疑いで殺害していたことが明らかになった。

二つの事件に関わったメンバーは最終的にすべて逮捕されたが、刑期を終えて既に出所している人も複数いる。なぜこのような事件が起きたのか。僕は彼らに何度も話を聞いた。いやもっとストレートだったかもしれない。なぜあなたは仲間を殺せたのか。なぜ指示にあっさりと従ったのか。

赤軍派に所属して二〇年の懲役を受けた植垣康博《うえがきやすひろ》は、出所後にこんなエピソードを教えてくれた。

二つの組織が合体して間もない一九七一年八月、革命左派のリーダーである永田洋子《ながたひろこ》が、山岳ベースを脱走したメンバー二人の処置について、赤軍派リーダーの森恒夫に相談した。森は「スパイや離脱者は処刑すべき」と即答し、永田は二人の殺害をメンバーに命じて実行させた。この報告を聞いた森は唖然《あぜん》として、そばにいた植垣と最側近の坂東国男《ばんどうくにお》に、「ばかじゃないのか」と言ったという（「あいつら、頭おかしいちゃうんか」と言ったとの説もある）。

つまり本気じゃなかった。まさか実行するとは思っていなかった。でも自分の指示で行われたことなのだ。今さら撤回はできない。リーダーは迷いや煩悶《はんもん》を見せられない。そう思っていたのかもしれない。いずれにしても命はもう戻らない。こうして一線を越える。あとには引き返せない。過ちが前例となる。

連合赤軍の事件から二三年が過ぎた一九九五年、オウム真理教による地下鉄サリン事件が起きた。東京の複数の地下鉄車両内で、神経ガスのサリンがオウム真理教信者によって散布され、合計で一四人が殺害されて世界的なニュースになった。

この時期にテレビ・ディレクターだった僕は、オウム施設に入って彼らのドキュメンタリーを撮影した。最終的にその作品はテレビから排除されて映画作品になるのだけど、ここで僕が書きたいことは、オウム真理教の犯罪もやはり、集団の過ちを典型的に示す事例であるということだ。

多額のお布施だけではなく、家族と別れて出家することを信者に求めるオウム真理教は社会との軋轢《あつれき》が絶えず、事件前から週刊誌や情報系番組などで、反社会的な宗教集団として頻繁に取り上げられていた。でも教祖である麻原はほとんど目が見えなかった。新聞や雑誌は読めないし、テレビを観ることもできない。だから側近たちがメディアになった。つまり麻原に情報を伝える役割だ。

ここでメディアの市場原理を思い出してほしい。メディアは市場の関心を惹くために不安や恐怖を煽る。同じことが起きた。日本社会はオウムを敵視していますと何度も告げる側近がいた。自衛隊が攻撃の準備をしていると伝えた側近もいる。米軍のヘリがオウム施設上空で毒ガスを撒《ま》こうとしていたと報告する側近もいた。こうして高揚した麻原の危機意識に、死と生を転換する宗教の危険な論理が重なった。

宗教は集団と相性がいい

ここで少し話はそれるが、宗教の本質について、あなたに知ってほしいことがある。世界には多くの宗教がある。その教義や宗祖はさまざまだが、すべてに必ず共通していることがある。

死後の世界や魂の存在を説くことだ。

もちろん、天国や地獄、あるいは輪廻転生《りんねてんしょう》、あるいは浄土など、死後の世界の解釈は個々の宗教によって微妙に違うが、死後の魂の存在を前提にしていることは、すべての宗教に共通している。

僕たちホモサピエンスは、自分が死ぬことを知ってしまった唯一の生きものだ。イルカやチンパンジーなど知能が高い生きものは、他者が死ぬことは理解しているかもしれない。でも自分もいつかは死ぬとは、おそらく思っていないはずだ。だって自分の死は体験できないし、体験した他の個体から話を聞くこともできない。いくら賢くても、さすがに演繹《えんえき》的考察（一般的・普遍的な前提から、より個別的・特殊的な結論を得る論理的推論）は彼らに無理だろう。

でも僕たちホモサピエンスは、親や友人や友だちの死を体験して、自分もいつかは死ぬのだと演繹的に気がついた。

これはつらい。不安だ。どんなに社会的に成功しようが莫大な富を蓄えようが、人は必ず死ぬ。死ねば何も残らない。自分自身が消える。無になる。

それは空《むな》しい。せめて死後も意識が残ると思いたい。死んだ親や友人たちも、どこかで幸せに暮らしていると思いたい。

こうして宗教が生まれる。

補足するが、仏教の宗祖であるゴータマ・シッダールタ（ブッタ）は、死後の世界については何も語らなかった。弟子から質問されたとき、無言だったとの逸話がある。ただしそのままでは布教できない。多くの人は宗教に死後の世界を求める。こうしてブッダ入滅後、弟子たちやその後継者によって、極楽や浄土などの概念が付加されて、現在の仏教へと繋がってゆく。

人は不安と恐怖に弱い。まして自分の死は最大の脅威だ。だからこそ死後の世界や魂を信じたい。それは当然だろう。言い換えれば宗教は、人が与えられた人生を平安に生きるための装置である。だからこそ、自分が死ぬことに気づいていないイルカやチンパンジーは、宗教を必要としない。

ブッダやイエスが生まれるはるか前の原始社会では、あらゆるものに霊が宿っていると考えるアニミズムを多くの人は信じていた。さらにもっと前、ホモサピエンスの直接的な先祖ではないけれどネアンデルタールは、仲間や家族が死ぬと埋葬して、墓らしきものを作っていたようだ。やっぱり魂の存在を信じていた。

でも宗教には副作用がある。死後の魂や世界を信じるということは、死後に価値を見出すことと同義でもある。

つまり死と生の価値を反転してしまう場合がある。

オウム真理教の信者たちが多くの人を殺害した理由のひとつは、その魂をより高い世界に転生させられるという教義を、本気で信じていたからだ。地下鉄サリン事件が起きたとき、人を救うはずの宗教がなぜ人を殺すのか、と多くの人は憤っていたが、実のところ信仰は、生と死の価値を転換する場合があるからこそ、大規模な殺戮《さつりく》と親和性が高い。

宗教が理由となった戦争や虐殺は少なくない。キリスト教だけを例に挙げても、異端審問や十字軍遠征、レコンキスタ、布教に名を借りた南米やアフリカの先住民に対する虐殺、イエスを処刑したユダヤ人への迫害など、血みどろの歴史をくりかえしてきた。さらにはオランダ独立戦争や三十年戦争、最近まで続いた北アイルランド紛争など、カトリックとプロテスタントの戦いも多い。ロシアによるウクライナ侵攻も、ロシア正教がプーチンの背中を押したとの見方もある。

死と生の価値を転換するからこそ、特に熱狂的になればなるほど宗教は、命を軽視する傾向が強くなる。他者だけではなく自分の命も。

過激なイスラム武装派は、なぜ自分の身体に爆薬を巻き付けて自爆テロを実行することができるのか。彼らの神であるアッラーフのために目的を果たして死ねば、天国に行けると信じているからだ。コーラン五六章で天国は楽園と呼ばれ、錦の織物を敷いた寝床に寝そべりながら永遠の若さを保つことができて、果実や鳥の肉などを好きなだけ食べることができるなどと描写されている。

宗教は死へのハードルを下げる。これは大前提。だから世界の三大宗教（キリスト教・仏教・イスラム教）は、自殺を固く禁じている。もしも禁じなければ、今のこの人生の苦しさに耐えかねて、天国に行きたいとかリセットしたいとか生まれ変わりたいなどと自ら命を絶つ人が、後を絶たなくなるからだ（だからイスラム教においても、自爆テロやジハードは本来の教えとは違うとの解釈を唱える人も少なくない）。

カルトという言葉は、あなたも何度か耳にしているはずだ。カルトという言葉の本来の意味は「儀礼」や「礼拝」。でも今は、反社会的で狂信的な新興宗教を示す言葉として、ほぼ定着している。

でも宗教は、死後の世界や魂の存在を唱える段階で、そもそも非科学的で反社会的なのだ。キリスト教も仏教もイスラム教も、誕生したばかりのころは反社会的な存在だった。イエスはユダヤ教を改革しようとして処刑された。ムハンマドはアニミズムを否定して多くの部族との戦争をくりかえした。今ならば彼らは、テロリストと呼ばれているかもしれない。

少なくとも現在のキリスト教と仏教は、自分たちの血みどろの歴史を教訓にして、平和で安定した信仰のありかたを目指している。ただしリスクは内在している。だってこのリスクは宗教の本質と同義なのだ。

宗教のもうひとつのリスクは、集団と相性が良いということだ。一人だけの宗教はあまり聞いたことがない。ほぼ必ず集団になる。なぜなら、より多くの人に布教して仲間を増やしたくなるからだ。

これは決して悪意ではない。信者からすれば、この素晴らしい教えを一人でも多くの人に広めたいと思うことは自然だ。オウムの信者の多くは、世界を救済するという理念に強く共感していた。善意なのだ。だから摩擦が働かなくなる。そして宗教の失敗は、集団化したときに起きやすい。

ここでもう一回、アーヴィング・ジャニスが提唱した集団浅慮が発現しやすい環境を思い出してほしい。

一　その集団が強く結束していること。
二　集団の下部からの意見が通りにくいこと。
三　集団が不安や恐怖など刺激の多い状況に直面していること。

　連合赤軍もオウム真理教も、政治的イデオロギーと信仰の違いはあるけれど、集団の振る舞いとしてはこの三つの条件にぴたりと当てはまる。こうして集団は判断を誤る。方向を間違えながら速度を上げ、やがて暴走する。でも周りすべてが同じ方向に走っているから、今の速度や方向がわからない。必死に走るだけ。やがて取り返しのつかない事態となる。

　連合赤軍とオウム真理教の事件。日本の戦後史で最も大きな事件を二つ挙げた。この二つの組織はそれぞれ多くの特異性を持つが、共通項もたくさんある。そしてこの共通項は、実はとても普遍的でもある。暴走するリスクはほとんどの集団が潜在的に抱えている。つまりどこかにある危機ではない。まさしく今、あなたが帰属する集団で起こったとしても、決して不思議はないのだ。

第三章　ネット社会が持っている危険性

マスメディアが新聞とラジオだった時代

関東大震災における朝鮮人虐殺が起きた一九二三年、マスメディアは新聞だけだった。テレビはもちろん、ラジオもまだない。でもこの時代、家が貧しくて学校に行けなかった人は決して少なくない。字を読んだり書いたりできない彼らにとって、新聞はメディアとして意味を持たない。つまり本当の意味のマスメディアは、まだ誕生していなかったという見方もできる。

震災から二年後である一九二五年、日本初のラジオ放送が社団法人東京放送局（現NHK東京放送局）によって行われた。字が読めなくても耳が不自由でないかぎりは、ラジオを聞くことはできる。つまりメディア状況は大きく変わる。ただしこの時代のラジオ受信機はまだ高価だ。一般家庭に普及していたとは言いづらい。

やがて戦争の時代となるまでに、ラジオ受信機は庶民にも少しずつ普及し、マスメディアは新聞とラジオの両輪となった。そしてこの二つは、戦意高揚のためのプロパガンダ装置として、軍と政府から利用される。

これを一言にすれば管制報道。政府や軍がメディアに向けて発表することは、裏も取らずに記事にする。独自の取材はほとんどしない。政府や軍にとって都合の悪い情報を入手した場合は、基本的には報道しない。もしも報道したならば、軍や政府から発禁などの措置を受けるかもしれないし、もっと手痛い報復を受けるかもしれない。

もちろん新聞社にも、ジャーナリズムをまっとうしようとした反骨の記者はいた。一九三三年八月一一日付の「信濃《しなの》毎日新聞」紙面に、「関東防空大演習を嗤《わら》ふ」との見出しが載った。書いたのは主筆だった桐生悠々《きりゆうゆうゆう》。この時期に頻繁に行われていた防空大演習について桐生は、もしも空襲されたなら木造家屋の多い東京は焦土と化して、灯火管制は意味がないだけではなく人々のパニックを惹起《じやつき》して有害であり、そもそも敵機を空に迎え撃つ段階でその戦争は負けである、などの趣旨を展開した。もちろんこの社説は軍の怒りを買い、桐生は信濃毎日新聞社を退社した。

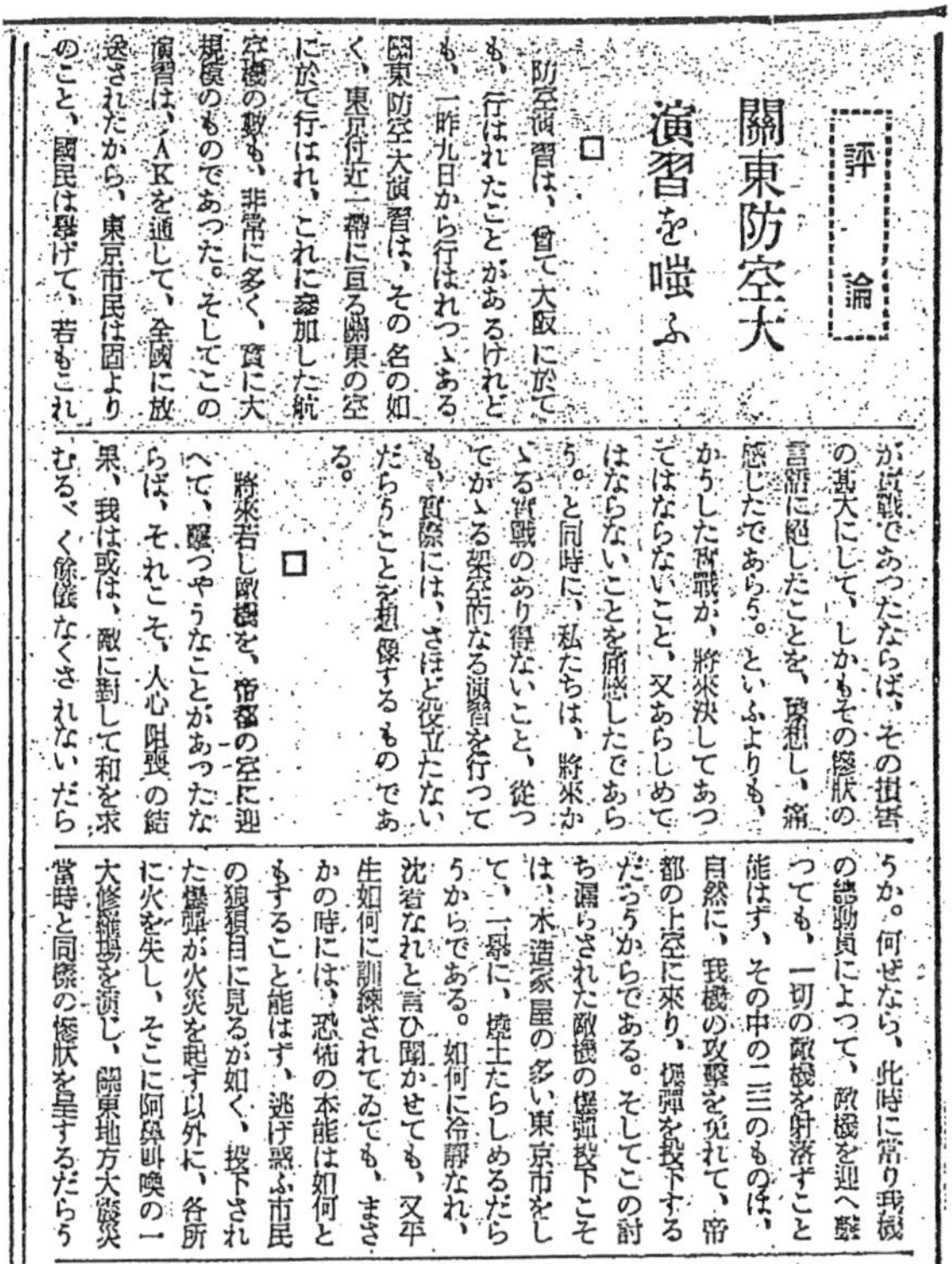

評論

關東防空大演習を嗤ふ

□

防空演習は、曾て大阪に於ても、行はれたことがあるけれども、一昨九日から行はれつゝある關東防空大演習は、その名の如く、東京付近一帶に亘る關東の空に於て行はれ、これに參加した航空機の數も、非常に多く、實に大規模のものであつた。そしてこの演習は、AKを通して、全國に放送されたから、東京市民は固よりのこと、國民は擧げて、若もこれが實戰であつたならば、その損害の甚大にして、しかもその慘狀の言語に絕したことを、豫想し、痛感したであらう。といふよりも、かうした實戰が、將來決してあつてはならないこと、又あらしめてはならないことを痛感したであらう。と同時に、私たちは、將來かゝる實戰のあり得ないこと、從つてかゝる架空的なる演習を行つても、實際には、さほど役立たないだらうことを想像するものである。

□

將來若し敵機を、帝都の空に迎へて、擊つやうなことがあつたならば、それこそ、人心阻喪の結果、我は或は、敵に對して和を求むるべく餘儀なくされないだらうか。何ぜなら、此時に當り我機の總動員によつて、敵機を迎へ擊つても、一切の敵機を射落すこと能はず、その中の二三のものは、自然に、我機の攻擊を免れて、帝都の上空に來り、爆彈を投下するだらうからである。そしてこの討ち漏らされた敵機の爆彈投下こそは、木造家屋の多い東京市をして、一擧に、燒土たらしめるだらうからである。如何に冷靜なれ、沈着なれと言ひ聞かせても、又平生如何に訓練されてゐても、まさかの時には、恐怖の本能は如何ともすること能はず、逃げ惑ふ市民の狼狽目に見るが如く、投下された爆彈が火災を起す以外に、各所に火を失し、そこに阿鼻叫喚の一大修羅場を演じ、關東地方大震災當時と同樣の慘狀を呈するだらうとも、想像されるからである。しかも、かうした空擊は幾たびも繰返へされる可能性がある。

□

だから、敵機を關東の空に、帝都の空に、迎へ擊つといふことは、我軍の敗北そのものである。この危險以前に於て、我機は、途中これを迎へ擊つて、これを射落すか、又はこれを擊退しなければならない。戰時通信の、そして無電の、しかく發達したる今日、敵機の襲來は、早くも我軍の探知し得るところだらう。これを探知し得れば、その機を逸せず、我機は途中に、或は日本海岸に、或は太平洋沿岸に、これを迎へ擊つて、敵機を我領土の上空に出現せしめてはならない。與へられた敵國の機の航路は、既に定まつて

桐生悠々の記事。（「信濃毎日新聞」1933年8月11日）

一九四四年二月二三日、「毎日新聞」は一面に「勝利か滅亡か 戦局は茲《ここ》まで来た」という大見出しを掲げ、南方における陸軍と海軍の窮状を解説して、「竹槍《たけやり》では間に合はぬ 飛行機だ、海洋航空機だ」と説いた。これを書いた記者は新名丈夫《しんみょうたけお》。記事を読んだ東条英機《とうじょうひでき》陸相兼首相は激怒し、毎日新聞は掲載紙の発禁と編集責任者と筆者の処分を命じられ、この直後に記事を書いた新名は、すでに三七歳になっていたのに兵士として召集された。明らかに懲罰召集だろう。

ただしこの記事については、軍部や統制への反発というよりも、海軍省記者クラブの主任記者だった新名が、陸軍に反発する海軍の意向を受けたとの見方もある。

発禁や軍による報復も怖い。でも新聞社が最も恐れたのは、日本の劣勢を伝えたときに、必ずのように起きる読者の不買運動だ。部数が落ちれば、人員を整理して規模を縮小しなくてはならなくなる。取材の経費も削られる。もっと落ちれば会社を存続できなくなる。

市場（読者）の意向にそむくことはできない。読者が嫌がることは書けない。読者の求めに応じたほうがいい。そしてこの時期の読者の最大の求めは、鬼畜米英であるアメ

勝利か滅亡か

戰局は茲まで來た

眦決して見よ、敵の鋏狀侵寇

竹槍では間に合はぬ

飛行機だ、海洋航空機だ

戦時中、軍の意に添わない記事は罰せられた（「毎日新聞」1944年2月23日）

朝日新聞

東太平洋の敵根據地を強襲

ミッドウエー沖に大海戦
アリユーシヤン列島猛攻
陸軍部隊も協力要所を奪取

米空母二隻〔エンタープライズ、ホーネット〕撃沈
わが二空母、一巡艦に損害

太平洋の戦局此一戦に決す

米、攻防の戦略基點
北方侵略線遂に崩る

濠洲

ミッドウェー海戦を報じる記事（「朝日新聞」1942年6月11日）

リカやイギリスの軍隊を、神国日本の軍隊が見事に粉砕することなのだ。

　こうしてメディアと軍の意向が一致する。新聞とラジオは、軍の最高統帥機関である大本営が発表する嘘《うそ》の戦果を、アメリカの空母を二隻《せき》撃沈したとか敵兵士に二万五千人の損害を与えたとか、そのまま国民に伝え続けた。

　だから多くの日本国民は、生活は窮乏して物資はなくなって毎日のように本土空襲を受けているのに、勝利は間近だと本気で思っていた。カミカゼが吹くと信じていた。日本が戦争に敗《ま》けるとはまったく考えていなかった。

毎日新聞

南太平洋新作戰の基礎確立

ニューギニア、ソロモン
要線に根據設定完了

ブナ附近、ガダルカナル島 我軍他に轉進

敵損害人員二萬五千以上
我が損害戰死 一萬六千七百卅四名

挺進部隊・不屈の鬪魂
不敗態勢へ蔭の偉功

敵の被害を大々的に報じる記事（「毎日新聞」1943 年 2 月 10 日）

毎日新聞

けふ大東亞會議開く

共榮代表帝都に參集
完勝と大建設を練る
世界に示す東亞の總力

來訪代表謁見の榮

東京で開催されたアジア地域の首脳会議「大東亜会議」の様子を伝える記事。日本の戦況は有利であるようにここでも見せている。（「毎日新聞」1943 年 11 月 5 日）

都合の悪いことは言い換える

とはいえ大本営も、被害や損害があまりに大きいときには、さすがにまったくの嘘はつけない。そんなときは言葉を言い換えた。全滅は玉砕で撤退は転進。印象はずいぶん違う。そしてこの言い換えは、決して大本営だけではなく、現代の政治権力も頻繁に使う。

もちろん昔と違うのは、一部のメディアはこうした問題をきちんと指摘すること。以下に「毎日新聞」（二〇一八年一一月二八日）の特集記事の一部を引用する。

「物は言いよう」は、時と場合によっては人間関係の〝潤滑油〟になり得る。だが、政治は別ではないか。安倍晋三《あべしんぞう》内閣では、集団的自衛権の行使を容認する安全保障法制を「平和安全法制」、南スーダンでの戦闘を「武力衝突」、消費増税の延期を「新しい判断」と言い換えた。今も、ある。言い換えを見逃していいのか。

「今回の原告は募集に応じた人々」「政府としては、朝鮮半島出身の労働者の問題、と言っている」
韓国人元徴用工訴訟で韓国最高裁が一〇月三〇日に出した判決について、安倍首相は今月一日、衆院予算委員会でこう答弁した。「徴用工」と呼ぶのをやめ「労働者」と言い換える方針を示したのだ。太平洋戦争中の動員には「募集」「官のあっせん」「徴用」の三種類があるが、韓国人の原告たちは自ら応募したのだから「労働者」である、という主張だ。

これを「ご飯論法に近い」と感じたのは、上西充子法政大教授（労働問題）。「ご飯論法」とは「朝ごはんを食べましたか」と聞かれて、パンを食べていたのに「ご飯は食べていません」と答えるような不誠実な答弁の手法だ。（略）

振り返れば、安倍内閣による言い換えは、共謀罪を「テロ等準備罪」、米軍ヘリの墜落を「不時着」、武器輸出を「防衛装備移転」、カジノ法を「統合型リゾート実施法」、公文書の情報公開を阻む法律を「特定秘密保護法」――と、枚挙にいとまがない。

こうした露骨な言い換えについて、問題視するメディアや識者は少なくない。だって政治は言葉が命なのだ。その言葉を安倍政権は軽視して愚弄している。まして日本は大本営時代の記憶があるはずだ。

ところが政権支持率は下がらない。この記事によれば、ちょうどこの時期に、それまでとは逆転して支持率（四一%）が不支持率（三八%）を上回っている。

政権における支持率は、テレビにおける視聴率と同じだ。下がれば現状の見直しを要求されるし、さらに下がれば打ち切りが検討される。高い視聴率を取るのなら、この方向でいいのだと強気になる。

この記事を書いた奥村隆記者は、最後にこうまとめる。

私たちは政権のせりふにだまされない「強い個人」にならなければならない。

「毎日新聞」の記事を長めに引用した理由のひとつは、奥村記者が書いた最後のこのフレーズを、あなたにも噛《か》みしめてほしかったから。強い個人。その意味は、まさしくこの本のテーマと重複する。

高い支持率に支えられた安倍政権は、一部メディアや識者に強く批判されながらも、言い換えを最後まで止めなかった。支持者とアンチが二分しながら拮抗《きっこう》する構造という意味では、トランプ大統領時代のアメリカに近い。ただし安倍政権の場合は、何度も行われた選挙の結果が示すように、支持者のほうがアンチよりも圧倒的に多かった。

支持率さえ高ければ、政治権力は無敵だ。何だってできる。全能感に支配される。抑制が効かなくなる。特に権力監視をメディアが放棄した時代は、この傾向がもっと顕著になる。

安倍政権のあとに菅政権を挟んで第一〇〇代総理大臣となった岸田文雄の政権は、軍拡する中国の脅威と北朝鮮のミサイルを理由に、今後五年間で防衛関連予算を倍増させる方針と反撃能力を保有することを、二〇二二年一二月に閣議決定した。つまり、戦後ずっと守り続けてきた専守防衛に徹するこの国の安全保障政策が、大きく転回した。しかも国会審議もないままに閣僚だけの密室会議で。

日本の戦後史において大きなターニングポイントとなるこのときにも、国民向けの発表で言葉の言い換えが行われている。これまでに使っていた「敵基地攻撃能力」という言葉を「反撃能力」と言い換えたのだ。なぜなら「攻撃」という言葉よりも「反撃」のほうが専守防衛のニュアンスを強調できる。戦争ができる国に近づいたとの批判を軽減できるはずだ。おそらくは岸田首相の側近の誰か（あるいはもしかしたら岸田首相本人）が、そう思いついたのだろう。こうして「敵基地攻撃」は「反撃」に言い換えられた。

でも「反撃」という言葉の意味は、攻撃されてやり返すことだ。小学生にだってそれくらいはわかる。ところが閣議で決定された文書では反撃能力について、相手国が「攻撃に着手」したと見なした段階でミサイル基地や司令部中枢を攻撃できる能力と説明している。ならばそれは「反撃」ではない。日本語としておかしい。

国の防衛をどのように構築すべきかについて、多くの意見があることは承知している。この程度の抑止力を持たなければ、国民の命は守れないと思う人もいるだろう。その議論をここでするつもりはないけれど、これほどに大きな決断を国のトップが示すとき、少なくとも姑息《こそく》な言い換えやニュアンスの誤魔化しなどは絶対にすべきではない。しかしメディアからの批判は弱い。

閣議決定がなされた翌日である一二月一七日の新聞各紙は、一面大見出しでこれを伝えた。東京と朝日新聞は見出しの文字に、「反撃」ではなく「敵基地攻撃」を選択した。読売と日経、産経、そして残念なことに毎日新聞も、政府が言い換えた「反撃」をそのまま見出しに使っている。だから考えてしまう。この見出しについて、「私たちは政権のせりふにだまされない「強い個人」にならなければならない」とかつて書いた奥村記者は、どのような思いでいるのだろう

戦争が起きるメカニズム

一九三一年九月一八日、中国の奉天《ほうてん》郊外にある柳条湖《りゅうじょうこ》で、日本が施設した南満州鉄道が爆破された。駐在していた日本の関東軍は中国国民軍の犯行であると断定して反撃し、軍事行動を拡大した。これが満州事変だ。日本の新聞は軍（大本営）の発表を、そのまま国民に伝えた。いやもっと強調した。暴支膺懲《ぼうしようちょう》（横暴な支那（中国）を懲らしめよ）というスローガンを大きな見出しで掲げた新聞を読みながら、多くの日本国民は激昂《げきこう》した。中国はけしからん。なぜ日本の真意がわからないのだ。ならば痛い目に合わせるしかな

い。多くの人はそう思った。

ところがこの事件は、関東軍の謀略だった。自分たちで鉄道を爆破しておきながら、中国国民軍の攻撃であると軍は発表したのだ。つまり自作自演。

そもそもなぜ日本は戦争を始めたのか。この時代の多くの国民は、アジアを解放するために日本は連合国側に戦いを挑んだのだと思っていた。つまり政府と軍によるプロパガンダを、何の疑いもなく信じ込んでいた。欧米列強は危険な国だ。だからこそ神の国である日本は、アジアを救うために闘わなければいけない。しかも欧米列強は、ここにきて日本にも牙を剝《む》きはじめた。ここで戦わないと日本は滅ぶ。新聞やラジオはそんな報道をくりかえした。

これは日本だけではない。二〇世紀以降のほとんどの戦争は、侵略ではなく自衛を大義に始まっている。大日本帝国の同盟国であるナチスドイツも、ポーランドに居住していたドイツ系住民を救うことと東方に生存圏を拡大しないとゲルマン民族は滅びるとの大義を掲げながら、ポーランドに侵攻し、第二次世界大戦は始まった。

アメリカがベトナム戦争に介入したとき、一国が共産主義化すると隣接する国がドミノ倒しのように次々と共産主義化していくというドミノ理論を、多くのアメリカ国民と政治家は信じ込んでいた。ベトナムを放置すれば、共産主義は限りなく増殖する。自由と民主主義がおびやかされる。でもドミノ理論がまったくの絵空事であることは、今では明らかになっている。

アメリカがイラクに侵攻したときも、イラクのフセイン政権は大量破壊兵器を保持しながら自由と民主主義を攻撃しようとしているとの大義をブッシュ政権は掲げ、国連の場でも侵攻に反対するロシアやフランス、中国など他の常任安全保障理事国に対して説明していた。

でも多くの兵士とイラク市民が犠牲になった戦争が終わったあと、大量破壊兵器などどこにもないことが証明された。しかもブッシュ政権は、侵攻前にこの事実を知っていたことも明らかになった。つまり自国民と世界を欺いたのだ。

二〇二二年二月、ウクライナに武力侵攻したロシアのプーチン大統領は、ウクライナに居住するロシア系住民の保護とＮＡＴＯがこれ以上拡大したら自国の安全と利益が損なわれる、と侵攻の理由を説明した。領土的野心ではなく、自衛のための措置なのだとの論理だ。

重要なことなので何度でも書くよ。二〇世紀以降の戦争のほとんどは、侵略ではなく自衛を大義に掲げている。軍隊を保持する理由を、他国を侵略するためと宣言する国など存在しない。軍隊を自衛隊と呼ぶ日本だけではなく、すべての国は軍隊を保持する理由として自衛を大義にする。でもその軍隊が、結果として他国に武力侵攻する。あるいは（今のミャンマーやかつての韓国のように）自国民を殺害する。

現在の岸田政権は、中国や北朝鮮の脅威を理由に、防衛費を増額することに相当に前のめりだ。二〇二二年一二月一〇日、共同通信は以下の記事を配信した。

防衛省、世論工作の研究に着手　AI活用、SNSで誘導

防衛省が人工知能（ＡＩ）技術を使い、交流サイト（ＳＮＳ）で国内世論を誘導する工作の研究に着手したことが九日、複数の政府関係者への取材で分かった。インターネットで影響力がある「インフルエンサー」が、無意識のうちに同省に有利な情報を発信するように仕向け、防衛政策への支持を広げたり、有事で特定国への

敵対心を醸成、国民の反戦・厭戦《えんせん》の機運を払拭したりするネット空間でのトレンドづくりを目標としている。

中国やロシアなどは「情報戦」に活発に取り組む。防衛省は、日本もこの分野の能力獲得が必要だと判断した。改定される安全保障関連三文書にも、情報戦への対処力向上を盛り込む。

ネットを最大限に活用して、世論を戦争やむなしの状態に誘導する。特定の国への敵対心を煽《あお》り、反戦の意識を払拭する。

昔話ではないし遠い国の話でもない。もちろんＳＦ映画やファンタジーの世界でもない。まさしく今、この国で僕たちが直面している現実だ。

「もちろん、国民は戦争を望みませんよ」（中略）「運がよくてもせいぜい無傷で帰ってくるぐらいしかない戦争に、貧しい農民が命を賭けようなんて思うはずがありません。一般国民は戦争を望みません。ソ連でも、イギリスでもアメリカでも、そしてその点ではドイツでも、同じことです。政策を決めるのはその国の指導者です。……そして国民はつねに、その指導者のいいなりになるよう仕向けられます。国民にむかって、われわれは攻撃されかかっているのだと煽り、平和主義者に対しては、愛国心が欠けていると非難すればよいのです。このやり方はどんな国でも有効ですよ」

『ニュルンベルク軍事裁判（下）』（ジョゼフ・E・パーシコ著、白幡憲之訳、原書房、二〇〇三年）

ここで引用したのは、ナチスドイツでヒトラーの後継者に指名されたこともある側近ナンバーワンのヘルマン・ゲーリングが、戦後に自らが裁かれるニュルンベルク裁判が行われているとき、訪ねてきたアメリカの心理分析官に語った言葉だ。

死刑判決を受けたあとに青酸カリが入ったカプセルを飲んで自殺したゲーリングのこの言葉は、戦争が起きるメカニズムをとても端的に示している。不安と恐怖を煽れば、人々の心を戦争に向けるのは難しくないのだ。それはゲーリングが言うように、どんな国でもどんな民族でも変わらない。

なぜなら人はみな弱い。不安と恐怖を煽られたら冷静ではいられない。集団化を起こして暴走する。暴走して大きな失敗を起こす。そのあとに焼け野原となった街に立ち尽くしながら、黒焦げになった知り合いや家族の遺体の横にひざまづきながら、なぜこんなことになったのかと涙を流して天を仰ぐ。

そんな時代はもう最後にしたい。そんなくりかえしはもう終わらせたい。でも終わらない。それどころかこの国は今、ＡＩなど進化したメディアを使いながら、ゲーリングの残したメソッドを、さらに効率的に実現しようとしている。

世論を誘導？　ふざけるな。世論とは僕やあなたたち。誘導なんかされるものか。軍需産業やその恩恵を受ける政治家の思惑にはもう乗らない。危機や不安を煽るメディアや政治家はもう信用しない。そのために僕たちは、もっともっと賢くならなければならない。

だからこそこれまでの失敗の理由を、くりかえしてしまうメカニズムを、僕たちは知らなければならない。知ってこうした動きに対抗しなければならない。

戦わないと国が滅ぶとくりかえし報道

政治家が国民に対して不安や恐怖を煽るためには、その媒介が必要だ。つまりメディア。ちなみにメディア（media）の語源はメディウム（medium）の複数形。そしてメディウムの意味は、「中間にあるもの」「間に入って媒介するもの」だ。

間に入って媒介する。かつてならば文字。そして今は、これに音声と映像が加わり、さらに新たなシステムであるネットが参画した。つまり影響力が桁違いに強くなった。だからこそメディアの役割は重要だ。昔も今も独裁国家や専制国家の為政者は例外なく、メディアを支配下に置いて意のままにコントロールしようとする。政治権力にとって都合の悪い情報や批判的な報道は弾圧され迫害される。

これを逆に言えば、メディアが政治権力を監視して不正や欺瞞《ぎまん》を見逃すことなく国民に伝えるならば、独裁国家や専制国家は存続できなくなる、ということになる。

新聞や書籍はマスメディアにはなれなかった。なぜなら識字能力（リテラシー）を要求するから。しかし二〇世紀初頭に現れたラジオは、教育を受けていなくても（聴覚に障害さえなければ）誰もが理解できるメディアだ。こうして名実ともにマスメディアが、歴史に初めて現れた。

ラジオと同じ時代に生まれた映画も、識字能力が必要ないメディアとして、多くの人を熱狂させた。ナチスドイツの宣伝担当大臣としてプロパガンダを担ったヨーゼフ・ゲッベルスは大の映画ファンで、国内と海外向けのプロパガンダに映画を多用した。

その代表作のひとつは、一九三六年に開催されたベルリン・オリンピックを記録したドキュメンタリー映画『オリンピア』だ。監督のレニ・リーフェンシュタールはヒトラーのお気に入りだ。この映画では競技や選手たちの描写だけではなく、会場の大観衆がヒトラーに対して一斉にナチス式敬礼をするシーンなども有効に使われていて、戦後にはナチスドイツのプロパガンダ映画であるとして、レニは強く批判された。

ここでちょっとだけ横道にそれる。これまでこの本でも何度も使ってきたプロパガンダの意味は宣伝。啓蒙《けいもう》やアピール。

それ自体は決して悪いことではない。宣伝が全否定されるのなら、テレビはCM放送ができなくなる。CMだけではない。あなたが今手にしているこの本だって、メディアや社会について僕が思っていることや伝えたいことのプロパガンダでもある。僕の映画ももちろんそう。ベートーヴェンの第九交響曲「合唱」もピカソの「ゲルニカ」もハンナ・アレントが書いた『エルサレムのアイヒマン』も、すべて表現行為であるかぎり、その作者の思いや願いなどの反映であり、その意味ではプロパガンダでもある。

だからあなたに言いたい。プロパガンダ自体が悪いわけではない。ただし政治的なプロパガンダには気をつけなければいけない。それは前述したディープフェイクと同じだ。映画などエンタメは、今はディープフェイクやCGなどの技術抜きには成り立たない。ジェームズ・キャメロンの映画『アバター』は（僕は大好きな映画だけど）、CGとディープフェイクの技術を活用して、パンドラに暮らす先住民族ナヴィの表情に、実在する俳優たちの顔を合成している。ただし技術が先鋭化すればするほど、エンタメだけにはとどまらなくなる。もっと悪賢く応用しようとする人は絶対に現れる。

特に全体主義や独裁政権などは、プロパガンダの一環として、最新のネット技術を活用し、国民を欺いたり事実を隠したりする。そんな事態は世界中で起きている。ウクライナに侵攻する前日、ロシアはウクライナへのサイバー攻撃をすでに始めていた。

二〇一三年にアメリカからロシアに亡命したCIA職員のエドワード・スノーデンは、アメリカ政府が進める個人情報の収集にIT大手九社が協力していたと内部告発している。ロシアがアメリカ大統領選にITを使って介入したことも、今ではほぼ既成事実になっている。プロパガンダの新たな時代はもう始まっている。

ちなみにベルリン・オリンピックの総合演出的なポジションを任せられたゲッベルスは、オリンピック発祥の地であるギリシャから、多くのランナーが交代しながら聖火を運ぶという演出を導入した。つまり聖火リレー。今では当たり前となっているこの儀式を、伝統や神話などに依拠していると思い込んでいる人は少なくないが、実はナチスドイツの広報戦略の一端だったのだ。

宣伝担当大臣としてとても有能だったゲッベルスは、ラジオが持つ強大な宣伝力にも着目していた。ナチスが政権に就くと直ちに国営の帝国放送協会を設立して、一般国民向けのプロパガンダ放送を開始した。しかしラジオ受信機は一般国民にとって高価すぎる。そこでゲッベルスは、低コストで大量生産が可能な受信機の設計と開発を国内電機メーカーに要請した。開発された「国民ラジオ」は急速に普及が進み、一九三九年にはラジオ受信機を所有する世帯がドイツ国内全体で七〇%を占めるまでに至った。当時においては世界一の普及率だ。

もちろん、ゲッベルスがこれほどにラジオ普及に情熱を傾けた理由は、決して国民の生活や知的な水準を上げようと考えたのではなく、プロパガンダとして最適だと考えたからだ。

なぜならすべての国民ラジオは、国内ローカル局しか受信できないように設計されていた。短波放送や英国放送協会（BBC）など他国のメディアは、電波は届いても聞くことができない。この手法はまさしく、今の北朝鮮や中国などに受け継がれている。

ナチスの軍需大臣でヒトラーに寵愛《ちょうあい》された建築家でもあるアルベルト・シュペーアは、ニュルンベルク裁判の最終陳述で、以下のように語っている。

「ドイツ国民のように進歩的で教養があり洗練された国民が、どうしてヒトラーの悪魔的な支配力に屈してしまったのか。それは現代の通信手段――ラジオ、電話、テレックスなど――のせいなのだと。（中略）いまや指導者は遠隔地にいる部下に独自の判断をくださせるため権限を委譲する必要はないのだ。現代の通信手段を使えば、ヒトラーのような指導者が、自分のいいなりになる集団を通じて、自分で支配できるのである。ですから、世界中で科学技術が進歩すればするほど、個人の自由と人々の自治が不可欠になるのです」

『ニュルンベルク軍事裁判（下）』（前掲書）

ラジオと映画からテレビ、そしてネットの時代へ

ラジオと映画。二つのメディアはドイツや日本など枢軸国側だけではなく、自由と民主主義を掲げる連合国側でも、プロパガンダにおいて大きな役割を果たしている。

当時のアメリカは、ヨーロッパの戦争には干渉しないというモンロー主義を掲げていて、戦争当事国となることに消極的だった。しかし大統領だったフランクリン・ルーズベルトが、毎週金曜の夜に国民に語りかけるラジオ番組「Fireside Chats（炉辺談話）」で、ファシズムの危険性はアメリカにも害を及ぼすと国民に訴え続け、アメリカの世論は急激に変化した。それが良いか悪いかは別にして、政治的プロパガンダの影響はこれほどに大きいのだ。

もしもラジオと映画に人格があったならば、戦争を拡大させた張本人として、被告席に座らなければならないほどに大きな責任がある。でもこの二つは被告席に座れない。だからお咎《とが》めなしだ。さらに戦後、この二つが融合する。

テレビジョンだ。

音声（通信）と映像の合体。当時としては最強のメディアだ。しかもテレビは、この半世紀余りで急激に進化した。いまや僕たちは、地球の裏側で行われているサッカー・ワールドカップやオリンピックの映像を、リアルタイムに見ることができる。サッカーやオリンピックだけではない。ウクライナの戦争もライブで中継された。

これほどにメディアは進化した。ならばメディアが持つ本質的な危険性も、より大きくなったと言い換えることができる。

オウム真理教が地下鉄サリン事件を起こした一九九五年は、アメリカがインターネット接続を完全に商業化して、日本ではWindows 95が発売された年でもある。インターネット元年だ。それからもう四半世紀以上が過ぎた。今は多くの人がスマホを手に、常時ネットを利用している。ほぼ二四時間、あなたも僕も、メディアに繋《つな》がっている。

あなたは電車に乗る。それからスマホを取り出す。あなただけではない。電車の中ではほとんどの人が、じっと手にしたスマホの画面を見つめている。

あなたがもしもデジタル・ネイティブ世代なら、とても当たり前の光景だ。でも僕が二十代のころには、そんな光景はありえない。電車の中で多くの人は、新聞や雑誌、文庫本などを読んでいた。もちろんどこにも繋がってなどいない。いや正確に書けば、二十代の頃の僕も含めてこの時代の人たちには、繋がるという感覚がそもそもわからない。

だから待ち合せはけっこう大変だった。時間に遅れそうなときは、携帯電話などもちろんないから、公衆電話を必死に探さなくてはならない。もしも待ち合わせの相手が家や会社を出てしまっているなら、もう互いに連絡することはできない。

だから待ち合せによく使われる駅には、たいてい小さな掲示板とチョークが置かれていた。そこに「四〇分待った。もうお終いです　達也」とか「先にお店に行きます　智佳子」などとメッセージが書かれている。でも今度はお店を探すのが大変だ。グーグルマップどころかグーグルそのものがまだ誕生していない。特に強度な方向音痴の僕は、いつも東京二三区のポケットマップを持ち歩いていた。

ネットは確かに世界を変えた。アナログからデジタルへの変化は大きい。しかもネットは、新聞やテレビなどオールドメディアに比べれば、圧倒的にグローバルなメディアだ。少なくともネット上では、(北朝鮮や中国などを例外にして) 国境はほとんど意味を失っている。

SNSの登場も大きい。情報をメディアから受け取るだけではなく、自らもメディアとして情報を発信することができるのだ。この違いは画期的だ。メディアの定義を変えてしまったと言っても過言ではない。

ところで、あなたはSNSをやっているだろうか。僕はツイッターとフェイスブックをやっている。始めた時期は決して早くない。数年前だ。その前から周囲の友人や編集者たちからは、本や映画の宣伝ができるからやったほうがいいと何度も勧められたけれど、どうしてもその気分になれなかった。

その気分になれなかった理由のひとつは、文字を書くことを仕事にしているから、一四〇字で何が書けるのか、との思いはあった。話題はその日に観た映画とか食べたもので写メをつければもっといい、などと友人からは言われたけれど、まったく意味不明。

いったい誰がそんなことを知りたいのだろう。

でも数年前、思いきって始めてみた。最初はおそるおそるだったけれど、知り合いや友人たちの書き込みを読みながら、少しずつ面白さが実感できるようになった。友人や知人の多くがいろんなことを書き込んでいる。その日に観た映画や食べたものについて（写メ付きで）投稿する人は確かに多いけれど、でもそれだけではない。もっと社会的で政治的な発言をしている人もたくさんいる。ずいぶん会ってない人にも出会える。彼らの今がよくわかる。

もちろん、知り合いばかりではない。趣味が合う人。支持する政党が同じ人。感性が似ている人。そういう人たちをフォローする。それはそうだ。どうせ読むのなら、自分と同じような感覚の人の意見を読みたい。違う意見を読んで不愉快にはなりたくない。誰だってそう思うはずだ。だから気がついたらツイッターの画面が、同じような意見で一色になっている。

スマホやPCの画面に、Tシャツやスニーカーの広告の宣伝画面（アフィリエイト）が何度も現れる。そんな経験は、きっとあなたにもあるはずだ。ネットサーフィンをしているとき、好きなブランドや趣味に関するバナー、以前に通販サイトでチェックした商品の広告などが目につく。

もしもあなたが熱帯魚の飼育に興味があって、「熱帯魚」「飼育」などのワードで検索しながらネットサーフィンを何度かすれば、その日からしばらくは、熱帯魚飼育セットやペットショップなどのバナー広告が目につくようになるはずだ。

これがターゲティング広告。あなたの過去のログイン情報や閲覧履歴などの情報をCookie（クッキー）というメカニズムで保存して分析し、それに合わせて広告を表示しているのだ。

広告のクライアントの側からすれば、商品を購入してくれる可能性が高い顧客に訴求できるので、そのメリットは大きい。もちろんあなただって、自分の関心や趣味に合った商品や情報を知ることができるし、関心や興味のない商品の広告や情報を見なくてすむのだから、メリットはある。

でも考えてほしい。こうした現象は広告だけではない。YouTubeのお勧め動画。表示されるネットニュース。こうした情報もすべて、あなたの好みや関心に沿うようになっている。つまりスマホやパソコンの画面は一人ひとり違う。それを使う人の好みや嗜《し》好《こう》に合わせてカスタマイズされている。

でもスマホやパソコンの画面を見つめながら、この仕組みを常に意識している人は、決して多くない。

SNSはカスタマイズされている

SNSも同様だ。あなたがフォローする人たちの多くは、あなたと趣味や嗜好や関心が合う人たちだ。つまりデジタルで均質性の高い集団。趣味や嗜好や関心がまったく違う人はほぼいない。スクロールする画面の中に入ってこない。もしもたまたま入ってきても、おそらくすぐにいなくなる。だから同質な人たちがいつのまにか集まっている。

こうしてネット空間に無数の集団が形成される。その特徴は排他性が強くて閉鎖的であること。ところがネットの最大の特質は、グローバルでオープンであることだ。確かに誰もが閲覧することはできる。ドアはいつも開いている。だから自分が帰属する集団の排他性や閉鎖性に気づかない。自分がフォローした人たちの意見を読みながら、これが世界の標準なのだと思い込んでしまう。

もちろんこれは錯覚だ。あなたは同質な人たちの集団の中にいる。世界にはもっと違う意見や感性はいくらでもある。それがわからなくなる。

もしもあなたが、サッカーが大好きならば、ネットやＳＮＳを見ながら、世界中の人はサッカーが大好きなのだと、いつのまにか思ってしまう。だからサッカーにまったく興味がないという人に会ってびっくりする。こんな人がいるのかと。いるよ。たくさんいる。ＳＮＳをフィルターにしたあなたの視界に入っていなかっただけだ。

スポーツやグルメ、エンタメなどの分野ならば、それはそれで大きな害はないかもしれない。でもこれが社会問題や政治的な分野になったとき、大きな問題が生じる。

あなたがもしも原発反対の立場なら、スマホの画面を眺めながら、世界の多数派は原発反対だと思うはずだ。だってＳＮＳでは多くの人が、原発がいかに危険で非合理的であるかを書いている。あなたはそうした記事ばかりを読む。原発はやめるべきだとの思いはますます強くなる。

もちろんその反対もある。あなたがもしも原発を擁護するスタンスならば、原発に反対する人たちは無知で不勉強で世界の少数派だと思いこんでしまうはずだ。自分と同じように原発を支持する多くの人の投稿を読みながら、原発のリスクは気にするほどではないし、温暖化対策のためにも人類は原発を手放すべきではないと思うだろう。

こうしてネットによってデジタルな集団が形成され、世論が両極端に二分される。これは世界的な傾向だ。不安や恐怖は人間の本能である集団化を加速させる。日本では地下鉄サリン事件以降、そして世界規模ではアメリカ同時多発テロ以降、このころに急激に進展して社会に定着したネットによって、煽られた不安と恐怖はさらに拡散した。

今の世界を見てもネットの弊害は大きい。専制的な国家がこれほどに増えたこと。独裁的な指導者が支持される傾向が強くなったこと。本来ならば多様な意見があるはずなのに、是か非かとか黒か白かとか正義か悪かとか対立する二つばかりで物事を語ることが多くなったこと（だから国論が二分化される）。こうした傾向について、ネットが大きく影響していることは確かだろう。要するにネット上のアルゴリズムが、インフルエンサーのラスボスだ。

とはいえ僕たちは今さらネットを手放せない。しかもこれから、ネットはさらに身近になり、技術も進化するはずだ。電車の中でスマホをじっと凝視している人たちを見ながら考える。僕たちにとってネットはもはや水や空気のような存在となっている。まあ、水や空気ほどに生命活動に直結はしていないけれど、少なくともあって当たり前の存在だ。

もしも水や空気が汚れたらどうするか。水を飲まないことは不可能だし、呼吸しないと死んでしまう。浄化するしかない。あるいは汚れないように工夫して使う。

ネットも同じだ。その弊害に対抗するためには、ネットを正しく理解して使うこと。つまりネット・リテラシーを身につけること。アルゴリズムやSNSの仕組みを理解すること。埋没しないこと。

以下の項目は、ネットだけではなくテレビや新聞などオールドメディアも含めてのリテラシーだ。

一　すべての情報は、誰かの視点である。
二　世界は多重で多面で多層であり、視点によってまったく断面は変わる。

三　市場原理にとらわれたメディアは、不安や恐怖を煽る。
四　最も刺激的でわかりやすい視点ばかりを、メディアは集中的にとりあげる。

ここに挙げたテレビや新聞などオールドメディアに対するリテラシーさえ、現状ではなかなか追いついていない。道は遠い。とはいえあきらめてはダメだ。

ニュルンベルク裁判でシュペーアが言ったように、もしも新聞やラジオが存在していなかったらヒトラーはあれほどに神格化されなかったはずだし、ナチスドイツがあれほどに国民から支持されることもなかったはずだ。

その時代からそろそろ一世紀近くが過ぎる。この間にメディアは急激に進化した。そこにネットも加わった。多くの人はもうスマホを手放せない。Wi-Fiを媒介にしながら、あらゆるメディアと常時つながっている。

ならばその危険性は、もっともっと大きくなっているはずだ。もしもここであきらめたら、（あなたの不安や恐怖を煽るつもりはないけれど）人類は滅びるかもしれない。

でもネットには希望もある。正しい方向に作用するならば、人類を次の段階に進化させてくれるかもしれない。

思い出してほしい。ジャーナリズムの最大の使命は政治権力を看視すること。不正や欺瞞《ぎまん》があれば、これを明らかにして国民に伝えること。だからこそ中国や北朝鮮、ロシアやイランなど独裁的で専制的な国では、政治権力は主要メディアを抑え込んで、権力監視の機能を果たせないようにコントロールしようとする。

これに対抗するのが独立系メディアだ。北朝鮮のように鎖国状態の独裁が長期化した国では難しいが、ロシアやイラン、シリアなどでは、国家の検閲や取り締まりの網の目をくぐりぬけながら、国内だけではなく世界に向けて、独立系メディアが政治権力の不正や腐敗などの現状を告発している。香港やミャンマーでも、軍や警察の暴力に市民たちが曝されているとき、これを伝えるメディアは国に監視されている新聞やテレビではなく、市民たちが手にするスマホの映像や言葉だった。

メディアによって世界の集団化は加速した。戦争や内紛も起こりやすくなった。でも進化したメディアは、そうした負の状況を止める力も持っている。

匿名で好きなことを書く

二〇二二年一一月二一日、ツイッター社のCEOとなったばかりのアメリカの実業家イーロン・マスクは、社員たちに向けてこう語った。

「ツイッターは米国中心のように見えるかもしれないが、どちらかといえば日本が中心だ。日本の人口は米国の三分の一なのに、日本のDAU（アクティブユーザー数）は米国とほぼ同数だ」

イーロン・マスクの言うことが事実ならば（おそらく事実なのだろう）、日本は世界で最もツイッターが普及している国ということになる。

SNSには他に、フェイスブックやインスタグラムなど複数ある。それなのになぜ、日本人はこれほどにツイッターが好きなのか。その理由を今から考えよう。

まずはあなたに質問。SNSを使うとき、あなたは自分の名前を名乗っているだろうか。実名が推奨されているフェイスブックやインスタグラムなら、あなたも実名を名乗っているかもしれない。でも最もユーザー数が多いツイッターでは、実名を名乗る人はとても少ない。ほとんどの人は匿名アカウントを使っている。

ちなみに僕は実名を名乗っている。そもそも本や映画の宣伝になるかもしれないとの下心で始めたから、匿名では意味がない。でも多くの人は宣伝などする必要はない。ならば匿名で好きなことを書く。

その理屈はわからなくはない。でも次の事実を知ってほしい。

二〇一四年に総務省は情報通信白書で、日本と世界各国のＳＮＳ匿名率を比較検証した。以下はツイッターの匿名と実名の表だ。

ほとんどの国では三〇〜四〇％台だが、日本の匿名率は七五％。情報白書に記載されているデータは世界各国の比較ではないけれど、ここに記載されていない多くの国でも、匿名率はやはり三〇〜四〇％台がほとんどだ。日本の匿名率が圧倒的に高いことは断言してよいだろう。

だから考える。なぜ日本のインターネットコミュニティにおける匿名率は、これほどに高いのだろう。

一九九九年に日本で誕生した匿名掲示板2ちゃんねるの影響を理由に挙げる人がいる。

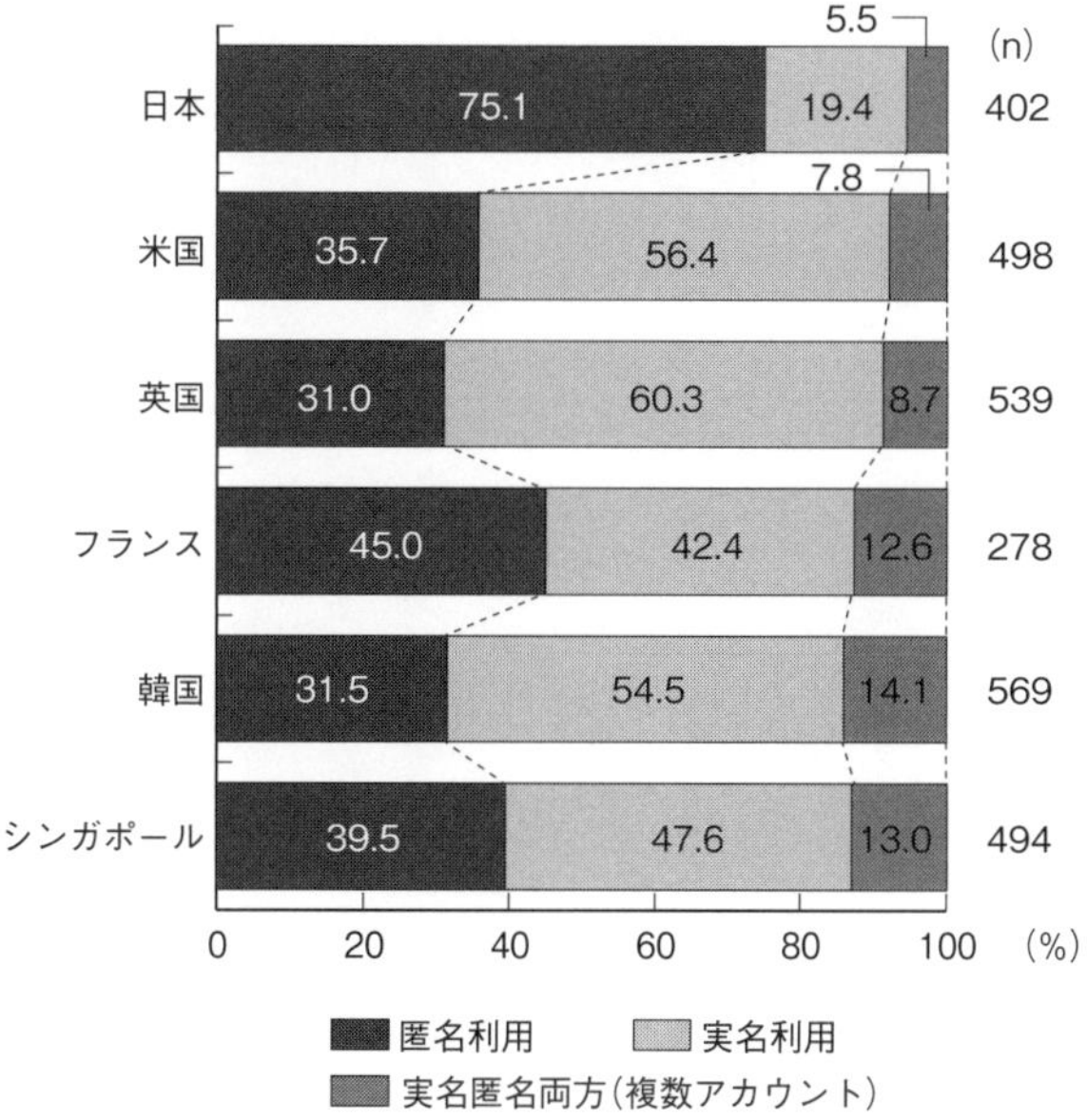

ツイッターの実名・匿名利用　出典／総務省「ICTの進化がもたらす社会へのインパクトに関する調査研究」(総務省の情報通信白書2014年)
トレース／朝日メディアインターナショナル

ああなるほどとは思う。確かに理由のひとつかもしれない。でも言い換えれば、いくつかある理由のうちひとつでしかない。だってそれだけでは、この圧倒的なデータを説明できない。

一　日本は（人口比では）世界で最もツイッターを使用している人の数が多い。
二　日本におけるSNSの匿名率は、主要各国に比べて圧倒的に高い。

この二つのエビデンスから導き出される結論は、日本人は世界で最も匿名と相性が良い、ということになる。

でも仮に日本人が匿名と相性が良いのなら、とても不思議な現象がある。テレビでも新聞でも日本のメディアの報道現場では、匿名ではなく、実名報道を基本にしているのだ。

報道はなぜ実名なのか

実名報道とは何か。容疑者や被害者の実名や顔写真などの個人情報をそのまま伝えること。あなたはテレビでニュースを見ている。誰かが誰かを刺して逃げた。でも容疑者はすぐに逮捕された。

このとき日本の報道は、容疑者と被害者の名前を実名で伝えることが原則だ。名前だけではなく、年齢や職業をアナウンスする場合もあるし、顔写真を提示するときもある。ニュースなどでは、逮捕された容疑者が護送されるときの映像を使うことが多い。多くの警察官に囲まれて俯《うつむ》きがちに歩く容疑者の映像は、きっとあなたも見ているはずだ。

このとき容疑者の顔には、基本的にモザイクなどの処理は行われない。カメラに気づいて視線を向けてくる瞬間などを、テレビなどはわざわざ（見やすいように）ストップモーションにする。もしもそんな映像を撮れないときには、中学校や高校の卒業アルバムに写っている写真などを、容疑者の友人を調べて入手してカメラ撮りして放送する。こうした動画や写真を観ながら僕たちは思う。こいつが犯人なのかと。

ここでちょっとだけ言葉を整理しよう。容疑者はメディアが使う言葉だ。司法の場では容疑者ではなく被疑者という言葉を使う。どちらも同じ意味だ。正式には被疑者だが、言葉で発音したときに被疑者と被害者は混同しやすいとの理由で、メディアは容疑者とアナウンスする。

いずれにせよ被疑者（容疑者）の意味は、漢字が示すように、犯人の疑いがある人。まだ犯人かどうかはわからない。これから取調べを受けてその可能性がきわめて高いと検察が判断したとき、容疑者は起訴されて被告人となる。

ただしこの段階でも、まだ犯人だと決めつけることはできない。これから行われる裁判で、あらゆる角度から事件を精査して、無罪か有罪かを決めるのだ。有罪と決まったなら、懲役一五年とか無期刑とか死刑など、罰の量も同時に決める。

つまり容疑者も被告人も、判決が確定するまではグレイゾーンにいる。あくまでも罪の疑いがある人なのだ。

ならば有罪と決まるまでは、容疑者や被告人は無罪として扱われるべきである。

この思想が無罪推定原則だ。よく知られた格言としては、疑わしきは罰せず。あるいは疑わしきは被告人の利益に。きっとあなたも聞いたことがあるはずだ。近代司法においてはとても重要で基本的なルールだ。

なぜこのような原則が重要視されるのか。かつて司法が整備されていなかったころ、冤罪《えんざい》で罰を受ける人はたくさんいた。疑わしいというだけで処刑された人も少なくない。その反省でこのルールは作られた。刑罰とは人権を制限したり奪ったりすること。その判断を国家（司法）にゆだねること。だからこそ慎重であるべきだ。少なくとも裁判で有罪であると決められるまでは、無罪の可能性がある人として扱われるべきなのだ。これは民主国家としても大前提だ。

あなたは日本で暮らしているから、加害者や被害者の名前や顔写真が報道されることは当たり前だと思っているはずだ。でも世界の国々では、加害者や被害者の名前を匿名で報道する国は少なくない。

特にヨーロッパの多くの国のメディアは、容疑者や被告人の名前や顔写真を伝えないことが多い。日本の街でよく見かける指名手配のポスターを見て、外国から来た観光客は、西部劇のようだと驚く。だって彼らはまだ（基本的には）容疑者だ。ならばポスターは明らかに無罪推定原則に反している。

ヨーロッパの多くの国だけではなく、中国や韓国も、匿名報道を原則にしている。でも政治家など社会に大きな影響を与える人が容疑者や被告人になったときは、匿名報道の国でも実名で伝える場合がある。

なぜなら無罪推定原則は、その名称が示すように原則だ。例外はもちろんある。政治家や著名人など影響力が大きい公人が疑いを持たれたときは、匿名原則の国でも実名で伝えることが多い。

ところが日本の実名報道は公人に限らない。明らかな私人も、当たり前のように名前や顔写真を報道される。手錠をつけられて（一応手錠にはモザイクをつけているけれど）護送される男性や女性を見ながら、多くの人はこいつが犯人なのかと考える。あるいは容疑者が暮らしていた町や市に暮らす人ならば、あの地域のあいつか、とか、そういえば見かけた顔だ、などと思うかもしれない。もしも近所ならば、あらあの人が犯人なのね、と思うだろう。こうした映像や写真を見ながら、まだ容疑者の段階なのだから犯人ではない可能性があると考える人はまずいない。さらに日本の報道では、容疑者だけではなく被害者の顔写真や名前なども当たり前のようにアナウンスするが、匿名報道を原則とする国では、これも二次被害に通じるとして抑制している。

ちなみにテレビのニュースなどでは、容疑者の前の段階でも、無罪推定に反した報道が日常的に行われている。「なお現場から立ち去った男は」とか「警察は同居していた女に事情を聞いています」などのアナウンスは、あなたも聞いたことがあるはずだ。なぜ「男性」「女性」ではなく「男」「女」と呼称するのだろう。明らかに、この人は犯人の可能性が高いですよ、と言っているに等しい。

だから考えよう。日本はSNSの匿名率が圧倒的に高いのに、報道の現場においては匿名報道ではなく実名報道を優先する理由は何か。

考えられる答えは二つ。ひとつはメディアの競争原理だ。もしも容疑者や被害者の名前をイニシャルにして顔にモザイクをかけるなら、その報道番組の視聴率は下がることが予想される。なぜなら他局は顔も名前も出している。人は旺盛な好奇心を持つ生きものだ。その好奇心はしばしば下世話な方向に働く。こんな凶悪な犯罪を起こした奴の顔を見たい。名前も知りたい。できれば被害者の顔も見たい。

そうした視聴者の好奇心に、メディアは基本的に抗《あらが》わない。むしろ煽る。しかも日本のテレビ局や新聞社は、ジャーナリズム機関というよりも営利企業に近くなってしまった。報道の理念や原則よりも売り上げを優先する場合が多い。だから無罪推定原則など誰も気にしなくなる。

自分は隠すが他人は曝してもよいという意識

もうひとつの理由。SNSなどの匿名は自分自身だ。つまり自分は隠す。でも容疑者や被告人は自分ではない。他者だ。だから曝《さら》すことにためらいがない。しかもこの場合の他者は、周囲におおぜいいる知り合いや仲間とは違う。

集団化が強い日本では、異物を排除する傾向がそもそも強い。そして社会の法やルール、規範にそむいた人は、社会において最も典型的な異物といえる。みんなと同じように行動できない人。集団にとって最も危険な存在だ。その危険な存在をしっかりと社会全体が認知するためにも、名前と顔は曝すべきだ。

そうした気持ちが強くなれば、「まだその人は疑いがあるだけだ」とか「無罪として扱うべきだ」などの建て前はもう目に入らない。

極論すれば日本は、社会のルールや規範にそむいた人に対しては実名を曝すことを強要するが、自分自身は匿名で守ろうとする文化である、ということができる。社会とは集団。集団は異物を排除する。個よりも集団に価値を持つからこそ、集団内の異物に対しては、罰を与えろとの思いが強くなる。

名前や顔を曝すことは、社会からの制裁との見方もできる。現行犯で捕まった空き巣犯は、「住居侵入罪」(刑法第一三〇条前段)と「窃盗罪」(刑法第二三五条)で裁かれる。住居侵入罪の法定刑は「三年以下の懲役又は一〇万円以下の罰金」で、窃盗罪の法定刑は「一〇年以下の懲役又は五〇万円以下の罰金」となっている。より刑罰が重いほうが適用されることが原則だから、空き巣の場合は「窃盗罪」で裁かれることになる。

でも今回が初犯で悪質性も低いのなら、実刑ではなく、刑の執行を一定期間猶予する執行猶予がつく可能性は高い。つまり深く反省して二度と罪を犯さなければ、日常生活は大きくは変わらない。

ところがもしもメディアがこの空き巣犯の顔と名前を報道したならば、その人は刑事罰よりもはるかに重い罰を受けることになる。住んでいた地域にその後も住み続けることは難しい。友人や親戚たちもみな事件を知ってしまう。家族は離散するかもしれないし、勤めていた会社からは解雇されるかもしれない。

メディアの報道は、社会的制裁に直結する。つまり懲罰でもある。そしてそれはときとして、司法で定められた刑事罰よりも、はるかに過酷な場合がある。

一九九五年に起きた地下鉄サリン事件をきっかけに集団化を加速させた日本社会は、善悪二元化と並行して厳罰化の進路を選択した。なぜなら犯罪者は社会にとって最大の異物だ。とにかく重い罰を与えたい。自分たちの日常からは外れてほしい。遠くへ行ってほしい。できれば消えてほしい。犯罪者の実名を曝すことを望む気持ちは、厳罰化と同じ平面上にある。実際に一九九五年以降、厳罰化は急激に加速した。

二〇〇〇年に少年法は改正されて、刑事罰対象年齢や少年院送致可能年齢が引き下げられた。二〇〇四年には有期懲役刑の上限が二〇年から三〇年に延長され、殺人罪の下限は三年から五年に引き上げられた。殺人など死刑にあたる罪の公訴時効を廃止したのは二〇一〇年。危険運転致死傷罪や自動車運転過失致死傷罪、児童ポルノ禁止法も重罰化された。二〇一七年には国会で、思想信条を侵害する恐れがあるとして野党が猛反発してそれまでは何度も廃案とされてきた共謀罪が、テロ等準備罪と名称を言い換えて成立した。つまり刑罰の新設だ。他にも新設された刑罰は数多い。

一九九九～二〇〇三年の五年間で二〇人だった死刑判決は、複数のオウム信者の死刑判決が確定する二〇〇四から二〇〇八年にかけて七九人になった。特に二〇〇七年は、高裁・最高裁が被告人に死刑を言い渡した回数は延べ四七回で、記録が残っているこの八〇年間で最も多い。

変化したのは司法だけではない。テレビ局や新聞社などメディアだけではなく大企業の多くが、IDカードを社員に携帯させるようになったのは地下鉄サリン事件以降だ。裁判所のゲートに金属探知機を導入したのも、公園や駅のベンチに（ホームレスなど異物排除のための）仕切り板が当たり前のように入るようになったのも、やはりオウム以降だ。

補足しなければいけないが、実名報道にも論理はある。加害者や被害者の名前をすべて匿名にしてしまうと、捜査権力だけが情報を独占することになる。ならば国民の知る権利に対して十分に応えられなくなる可能性があるし、事件や事故について捜査権力が情報を捏造《ねつぞう》したとしても、報道による検証が十分にできなくなる。

何よりも、被害者の名前がAさんやBさんでは、事件や事故の悲惨さがリアルに伝わらなくなるとの危惧もある。

一かゼロではない。二つの狭間で悩むべきだ。煩悶《はんもん》するべきだ。でもこの国は煩悶が少ない。面倒なのだろう。つまりアイヒマン予備軍がおおぜいいる。メディアもこれに同調する。それでは社会は進化しない。

ネットの中で強く出る人たち——なぜ、みんなで叩くのか?

……いつのまにか、かなり話が逸《そ》れてしまった。ネットにおける実名と匿名の話に戻る。SNSにおける匿名は自分自身だ。そして報道における実名は自分ではない誰か。つまり日本は、自分自身は匿名を望む人が多いが、(特に集団の異物である)他者に対しては、実名で曝すことを望む文化であるといえるだろう。

自分は隠れている。つまり安全地帯にいる。だからこそ言葉が攻撃的になる。特に最近は、ネット上の誹謗《ひぼう》中傷が社会問題となることが多い。

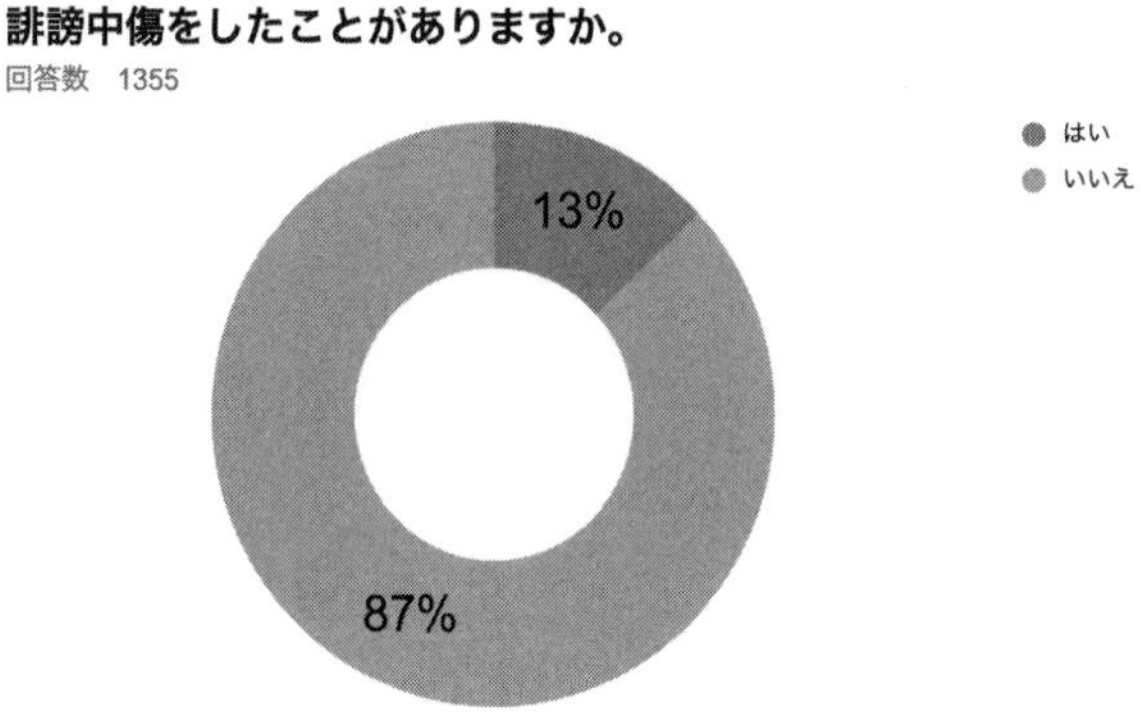

「誹謗中傷したことがある」と答えた人は13%だった
（弁護士ドットコム https://www.bengo4.com/）

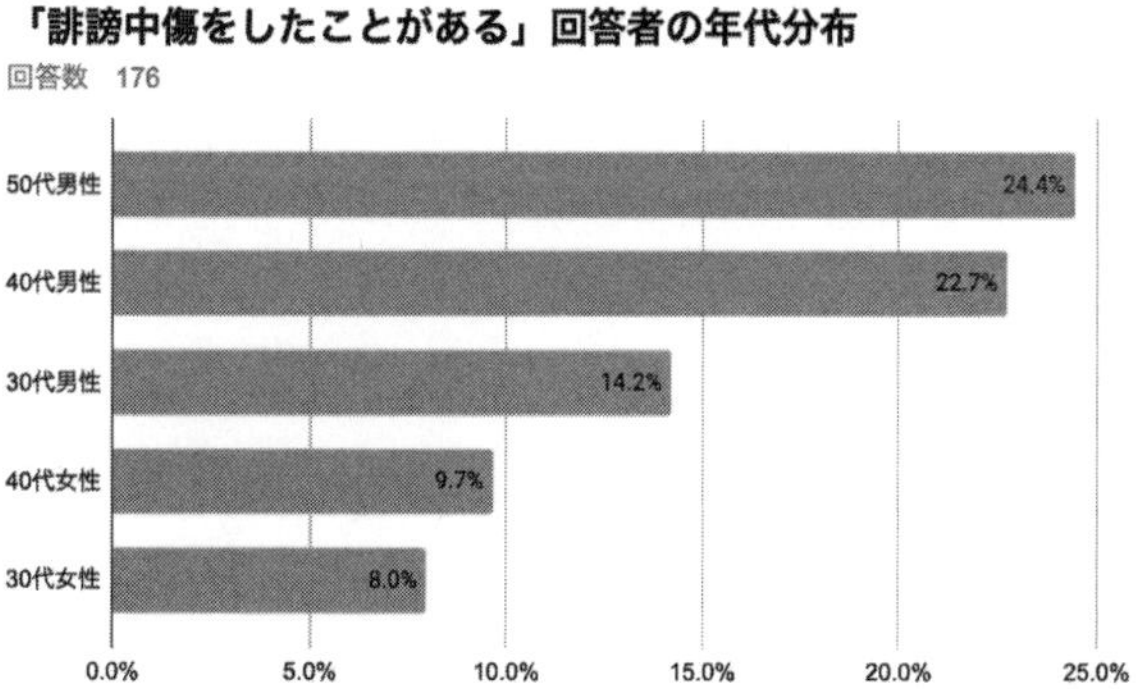

50代男性の比率が高い（弁護士ドットコム）

経産省によれば、ネット上の誹謗や中傷についての相談件数は、この一〇年で四倍に急増した。二〇二二年一月に弁護士ドットコムが調べたアンケートによれば、「これまでに誰かの誹謗中傷をしたことがあるか」との質問に対して「ある」と答えた人は全体の一三％。意外と少ない。ところが「これまで誹謗中傷されたことがあるか」との質問に対しては、およそ半数近くの四三・八％の人が「ある」と答えている。

つまり自分は誰かを傷つけたとの自覚がある人は、誰かに傷つけられたと思っている人よりも圧倒的に少ない。

誰かを誹謗中傷したことがあると答えた人の半数近くは、四十代から五十代の男性だ。二〇〇〇年代に彼らは十代後半から二十代。ならば確かに、「2ちゃんねる」などの匿名掲示板が全盛期のころに、これを利用していた世代ということになる。

誹謗中傷につかうメディアについては、やはり匿名掲示板とツイッターが他を圧倒している。匿名掲示板が最も多く（三八・一％）、次いでツイッター（二七・三％）、ライン（一一・四％）、ニュースメディアのコメント欄（九・一％）と、匿名性の高いメディアに投稿される傾向がある。実名での登録が規約上求められているフェイスブックでの

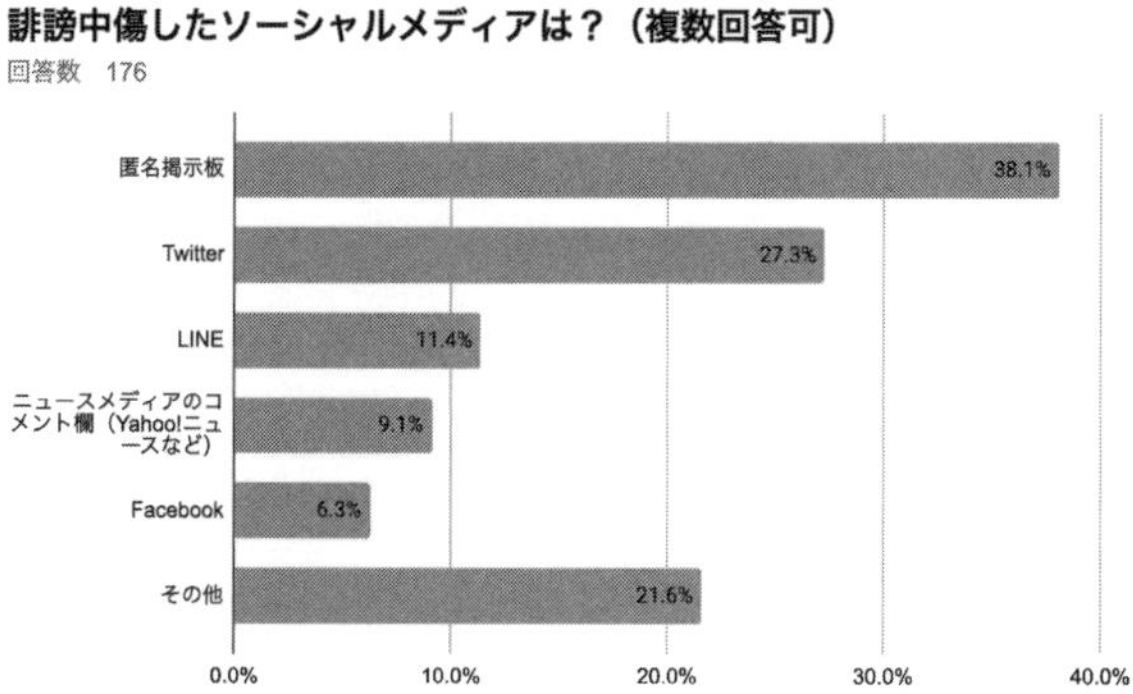

誹謗中傷は匿名性の高いメディアに投稿されることが多い。（弁護士ドットコム）

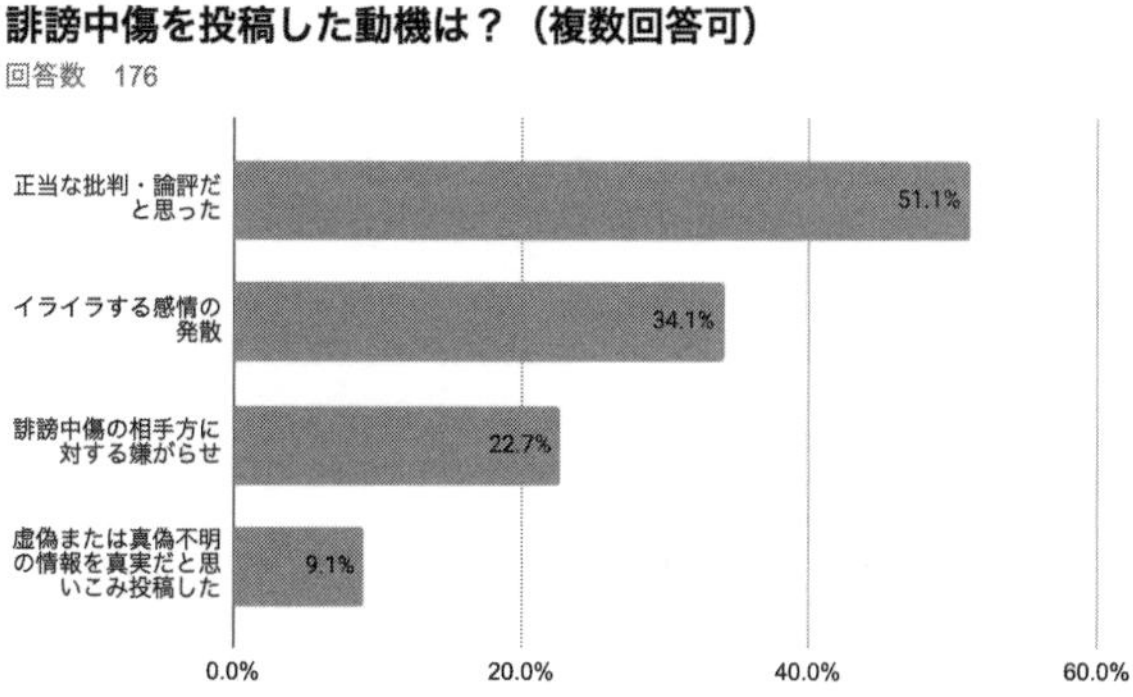

誹謗中傷ではなく正当だと思って投稿している人が半数だ。（弁護士ドットコム）

投稿は、わずか六・三％だ。

なぜネットで誹謗中傷をするのか。その質問に対しておよそ半数の人が、「（自分では）正当な批判・論評だと思っていた」と答えている。でも攻撃的になる。批判や論評の域を超えていることに気づかない。なぜなら自分の実名を示していないから。

誹謗中傷される側からすれば、街を歩いているときに、いきなり路上で「バカ」とか「死ね」などの罵声を浴びせられることに等しい。ところが声のした方向を見ると、顔を隠した男や女たちだ。追いかけることはできない。ネットの深い海の中にあっというまに消えてしまう。

「正当な批判・論評だと思った」と答えた人が最も多いことが示すように、「誹謗中傷」と「批判・論評」との違いは、実のところ相当に微妙で仕分けが難しい。

投稿した人が「誹謗中傷した」と認識していなくても、書かれた側からすれば「誹謗中傷された」と捉えている例はとても多い。この境界に明確な基準があるわけではない。あなただって覚えがあるはずだ。誰かにアドバイスするつもりで口にした何気ない一言が、思いがけなくその人を傷つけてしまった。あるいは怒らせてしまった。

僕たちの日常は言葉で成り立っている。でもその言葉が、まるで凶器のように、誰かを傷つける可能性は常にある。しかもネットはこれを拡散する。超特大の拡声器だ。さらにネットはグローバルメディアであるからこそ、世界中に届く。そして消えない。拡散したならば半永久的に残り続ける。だから傷つける度合いは、日常の会話とは比較にならない。

多くの人は誹謗中傷されたと思っても、そのまま放置する。だって下手に反論すると、火に油を注ぐ結果になるからだ。

ごくまれに裁判を起こす人がいる。でも投稿の削除や投稿者の開示請求など法的な対応をとるためには、誹謗中傷の内容が自分の名誉などを侵害したことを、明確に証明しなければならない。現状の法システムのままでは、これはかなり難易度が高い。

二〇二〇年五月、恋愛リアリティー番組「テラスハウス」に出演したプロレスラーの木村花さんが、SNSで個人的な誹謗中傷を受け続けて自殺した。特に執拗に誹謗中傷の投稿を続けていた二人が遺族から侮辱罪で告訴され、裁判所もこれを認めたが、刑の重さは科料九〇〇〇円だけだった。

人一人が亡くなっているのにいくらなんでも軽すぎる。そんな声を背景に二〇二二年、一年以下の懲役など、侮辱罪を厳罰化する改正刑法が成立した。

ネットを法的に規制している国もある

ネットを法的に規制している中国では、世界中で使われているラインやツイッター、YouTube、フェイスブック、インスタグラムなどを国民は利用できない。Googleも使えないから、Google MapやGmailもだめだ。

その代わりとして、国内のIT企業が作った検索サービス「百度」や、「微博」、「微信」などのSNSが提供されている。ただしこれらのサービスで交わされるキーワードやメッセージ、写真や動画は、国家的な検閲システムであるグレート・ファイアウォールによって、すべて監視されている。

残虐で性的なアニメーションやドラマ、映画なども規制される。でもこのときに、残虐だとか性的すぎると判断するのは当局だ。中国独自の検索エンジン「百度」などで「天安門事件」や「ダライ・ラマ」「チベット問題」や「人権弾圧」など中国共産党にとって好ましくない言葉を検索したりＳＮＳに書き込んだりした人はブラックリストに入れられて、その後のインターネット利用を厳しく監視される恐れがある。

言葉だけではなく外国映画も中国では検閲の対象だ。上映を認められなかった作品は多い。ただし中国当局は理由を説明しない。だから想像するしかない。有名な作品では『バック・トゥ・ザ・フューチャー』がある。上映禁止された理由は、過去を改変することは現状の政府への批判につながるからとの説があるのだけれど、わかるようでわからない。『ゴーストバスターズ』がダメだった理由は、霊とかオカルトが、宗教すら否定する共産主義とはそぐわないから。でもならば、ホラー映画のほとんどはダメなはずだ。他に理由があるのかな。これもやっぱりよくわからない。『プーと大人になった僕』が上映禁止になった理由は一部の国民のあいだで習近平が（くまの）プーさんと呼ばれているかららしい。確かに似ている。「オバマ」「習近平」「プー」の３つのワードで画像検索すると納得できる（ただしもちろん中国ではすべて削除されている）。ディズニーは著作権管理が厳しいので、ここには掲載できない。自分で試してください。

そういえばつい最近では、ディズニーの『バズ・ライトイヤー』が、同性愛を肯定しているとの理由で上映禁止になっている。
念を押すけれど、中国当局は上映を禁止する理由を説明しない。だからここに書いた理由については、基本的には臆測だ。でも大きくは外れてないと思う。

ここであなたに思い出してほしい。独裁や専制国家はメディアを規制する。意のままになるようにコントロールする。でも今はネットの時代だ。国内のメディアを規制しても、国外から情報が流れ込む。

だから中国はSNSやGoogleの使用を禁じたが、北朝鮮はもっと徹底している。ネット環境を国内だけに限定した。PCやスマホを国外から持ち込んでも、基本的には使えない。

かつて平壌《ピョンヤン》に滞在したとき、国外の情報がほとんどわからなくなって困惑した。日本とのメールのやりとりもできない。世界で今、何が起きているのかわからない。

北朝鮮国内で利用できるメディアはほぼすべて、国営か北朝鮮を支配する労働党の機関紙だ。だから新聞とテレビは、金正恩《キムジョンウン》政権が伝えたいことしか伝えない。

政権メディアは他国（特にアメリカ）の脅威を煽り続ける。滞在中に、平壌市内の祖国解放戦争勝利記念館（要するに戦争博物館）を見学した。外の敷地には朝鮮戦争時代にアメリカ軍が残した戦車や迫撃砲などが展示されている。館内の展示では通路の最初から最後まで、アメリカがいかに危険で凶暴な国であるかを、これでもかというくらいに強調している。もちろん、テレビや新聞も同様だ。不安と恐怖を煽り続けている。

旅行者である僕は、自分の国や他国のメディアとの比較ができる。今のアメリカが、いきなり北朝鮮に武力侵攻することなどありえないことくらいは知っている。でも生まれてからずっと北朝鮮で暮らしている人ならば、メディアの情報をそのまま信じ込んでしまうだろう。アメリカとその傀儡《かいらい》国家（韓国や日本）は、少しでも隙を見せると襲いかかってくる。だから国防は最優先だ。祖国と人民を守るための抑止力としての核兵器も、一日も早く持つべきだ。そのためにミサイル実験は何よりも重要だ。

あまりにも非現実的だとあなたは思うだろう。僕もそう思う。でも知ってほしい。かつて僕たちの国もそんな時期があった。アメリカやイギリスなど連合国は冷酷で残虐で、日本を含むアジアを滅ぼそうと考えている。だから我々は祖国を守るために戦わねばならない。ほとんどの国民は本気でそう思っていた。メディアが機能していないからだ。日本が降伏したとき、占領軍が来たら、若い女性はレイプされて奴隷にされ、男はみなソーセージにされると多くの人は本気で思っていた。だって鬼畜米英なのだ。その思い込みの構造は、今の北朝鮮とまったく変わらない。

僕が北朝鮮に行ったのはコロナ前だ。コロナによるパンデミックが世界に広がってからは、北朝鮮は国外との人や物資の交流をさらに制限した。頼みの綱だった中国からの援助も大幅に減った。ほとんど鎖国状態だ。

金正恩政権は核・ミサイル開発を進めながら、国民の生活も豊かにすると宣言している。そんなことできるはずがない。国民たちの生活は、僕が行ったときよりもさらに窮乏しているはずだ。でも北朝鮮に暮らす人たちは、今の世界の状況を知らない。核・ミサイル開発をこれほどに急ぐ理由は、アメリカの攻撃から祖国と自分たちを守るためで、そのためには今の窮乏生活も仕方がないと本気で思っている。

でも国民すべてではない。世界は多面的で多重的で多層的だ。言い換えればグラデーション。平壌滞在中にそれを実感した体験がある。

北朝鮮国内では、外国人は自由に行動できない。常に国家から派遣された通訳がついて回る。彼らの任務は通訳だけではなく、滞在している外国人の監視役でもある。その監視役に、僕は市民たちが利用する市場に行きたいと伝えた。人民服を買いたいと思ったからだ。

北朝鮮の一般男性の多くは、今も普段着として人民服を着ている。見ているうちに欲しくなったのだ。ただし一般市民たちの生活圏に、外国人は立ち入ることを許されていない。監視役は最初は渋ったが、何度も頼んだら承諾してくれた。

多くの人で混雑している市場の衣類コーナーに行った。何百着もの人民服が天井から吊《つ》るされている。そこで気がついた。すべて小さいのだ。

そういえば栄養状態が良くないせいか、北朝鮮の男性の体格は良くない。みんな貧弱だ。サイズで言えばＳかＭ。僕のサイズはＬかＬＬ。しばらく探したけれど、やはりＳかＭサイズしか見つからない。じっとこちらを観察していた売り子のおばさんに、僕に合うサイズはないですか、と声をかけた。おばさんは僕の身体をしばらく見つめてから、あなたに合う服はこの国にはないね、と素っ気なく答えた。思わずむっとして、金正恩がいるじゃないか、と僕はつぶやいた。ところが監視役の男性が、何を思ったのかそれをわざわざ通訳した。独り言なのに。おばさんの表情が変わった。これはまずい。通報されるかもしれない。拘束されたらどうしよう。

でもおばさんは、数秒だけ僕の顔を見つめてから、腹を抱えて笑い出した。そのおばさんだけじゃない。店にいたほかの店員たちも、お客さんも、ゲラゲラと笑い出した。あなたそれを言っちゃダメよ、という感じで。

北朝鮮国民について僕たちのイメージは、ほとんどの人たちは洗脳されていて、金正恩政権を熱狂的に支持している、といった感じだろう。確かにそういう人もいる。でもそうでない人もいる。当たり前だ。ナチスドイツの時代には、ヒトラーを暗殺して全体主義を止めようと決意したナチス軍関係者は何人もいた。危険を覚悟でユダヤ人をかくまうドイツ市民もたくさんいた。日本でも、未遂に終わったけれど、戦争を終わらせるために東条英機を暗殺しようとする企てはあった。徴兵を逃れようとして山に逃げた人もいる。アジアへの出兵に反対する人もたくさんいた。

黒か白ではない。右か左でもない。世界はグラデーションだ。さまざまな色がある。

さまざまな人がいる。

でもメディアは、さまざまな色を伝えることが苦手だ。複雑でわかりづらくなるから。だから四捨五入する。濃いグレイは黒。淡いグレイは白。こうして単純化された情報を、僕たちはそのまま受け取ってしまう。

情報を補正しよう。それがメディア・リテラシー。正確な補正は無理でも、世界はもっと複雑で多面的で多重的だと常に意識すること。情報とは誰かの視点なのだと意識に刻むこと。それだけできっと世界の見えかたが変わるはずだ。

誰かを批判するなら実名ですべきだ

いずれにせよ、メディアとネットを監視して規制する国は、北朝鮮以外にもたくさんある。中国にイラン、シリアにトルクメニスタン、そして最近のロシアも、グローバルでボーダーレスなメディアであるネットの検閲と規制を強化している。これらの国の検閲や規制の目的は、独裁体制を維持するためだ。決してネット上の誹謗中傷を抑制するためではない。

分けて考えるべきとは思うけれど、やはり法による強圧的な規制には抵抗がある。とはいえ今後もノールールで放置すれば、誹謗中傷は後を絶たないし、被害者も増え続ける。

ならばどうすべきか。一人ひとりがリテラシーを身につける。確かにそれは大前提。ただしそのためには、教育の関与も重要だ。時間がかかる。もっと簡単で即効性のある方法はないだろうか。

ひとつだけある。匿名をやめればいい。誰かを実名で批判するならば、自分も実名をしっかりと示す。きわめて当たり前のことだと思う。

もちろん、ネットの特質のひとつに匿名性があることは承知している。例えば自分が所属する組織の不正について内部告発するときには、自分の名前などを示せない場合もある。でも現状では、そのメリットよりもデメリットのほうがはるかに大きい。

二〇二二年一〇月、「改正プロバイダ責任制限法」が施行されて、投稿者の情報開示が以前よりも迅速にできるようになった。さらに同年一一月、Yahoo!ニュースのコメント欄への投稿で、携帯番号の設定が義務化された。電話番号は名前とイコールではないけれど、心理的な抑止効果は大きいはずだ。少しずつではあるけれど、状況は改善されつつある。

モンゴルの首都ウランバートルに行ったのは一〇年ほど前だ。日本の学校とモンゴルの学校が姉妹校締結をしたので、その式典を撮影することが目的だった。

式典自体は堅苦しいものではない。日本からは五〇名ほどの学生が参加して、モンゴルからも同じくらいの数の学生が参加した。式典の最後にはフリータイム。つまりそれぞれの学校の学生が交互にステージに上がり、挨拶したり歌ったり踊ったりする時間だった。

このときに違いを実感した。モンゴルの学生のほとんどは一人でステージに上がり、歌や踊りを披露する。でも一人でステージに上がる日本の学生は最後まで現れなかった。必ずグループ。それも二人や三人ではない。もじもじしながら一〇人くらいのグループでステージに登場する。だから日本の学生たちのフリータイムは、あっというまに終わってしまった。

撮影しながら、日本人は個が苦手なのだとあらためて実感した。だから集団に馴染みやすい。スポーツの分野でも、どちらかといえば個人よりも団体競技のほうが得意だ。つまりチーム。だから個を出す必要がない。

補足するが、バイカル湖畔に住むモンゴル系のブリヤート人はDNA配列などで日本人と共通点が多いことから、日本人のルーツとの説が有力になっている。確かにブリヤート共和国の首都ウラン・ウデに行ったとき、街を歩く人たちを見ながら、日本人とよく似ていると実感した。つまり遺伝学的にはとても近いはずなのだ。

匿名掲示板やSNSなどネット上では、日本人の群れる傾向が顕著に表れる。名前のない集団の一人として誰かを気軽に罵倒する。自覚ないままに傷つけ、死の間際まで追いつめる。もしも問題になったとしても、みんなで赤信号を渡っているのだから、責任は分担される。だから集団は多ければ多いほどいい。自分が悪いのではない。みんなが悪いのだ。

こうして集団は暴走する。英語にすればstampede（スタンピード）。走りながら、このまま走って大丈夫かな、とちらりと思う。でも周囲もみな同じ方向に走っている。ならば大丈夫だ。ここで自分だけ足を止めたり、違う方向に行ったりすることはできない。こうして僕たちは過ちをくりかえす。誰も反省しない。原因も考えない。

やはりこれはダメだ。今からでも遅くない。SNSに書き込むときは実名を示そう。匿名はやめよう。そのうえで批判する。反論する。そうした言論空間が現実化するならば、ネットは建設的で有益な議論の場になるはずだ。

第四章　集団に巻き込まれない生き方

集団に埋没せずに個を持ち続けられるだろうか

一九九六年、アフリカのルワンダで、フツ族がツチ族を襲って一〇〇万人が虐殺された。このときルワンダの首都キガリに暮らしていたポール・ルセサバギナは、自身が副支配人だったホテルに、暴徒から逃げてきた一二六八人のツチ族やフツ族の穏健派などの人々を匿《かくま》い、その命を救った。

ドイツの実業家でナチス党員でもあったオスカー・シンドラーは、絶滅収容所に送られる予定だった一一〇〇人以上のポーランド系ユダヤ人の命を、自身が経営する軍需工場に送るという名目で救出した。

リトアニアの領事館に赴任していた杉原千畝《すぎはらちうね》は、ナチスドイツの迫害によりポーランドなど欧州各地から逃れてきたユダヤ系難民六〇〇〇人に、日本の外務省からの訓令に反して日本へのビザを発給して救出した。

中国の現代美術家の艾未未《アイウエイウエイ》は、自らの作品やSNSなどを駆使しながら中国共産党に対する激しい批判を続け、警察による拘禁や常時監視などが激化しても活動を止めず、今はドイツに移住して発信を続けている。

思いつく名前を四人あげた。いずれも集団に埋没せずに個を持ち続けた人たちだ。他にもたくさんいる。

もちろん彼らは、集団から孤立した人ではない。会社や外務省、協会など、帰属する集団はさまざまだ。

でも埋没しない。集団の一員として機能しながらも、個を保っている。言い換えれば、一人称単数の主語をしっかりと保持していた。だから周囲の動きよりも、自分の良心や判断を優先できた。

旧ソ連やカンボジアのポルポト政権（クメール・ルージュ）、現在のロシアや中国、北朝鮮など、極端な左派政権は、独裁体制に陥りやすい。でもヒトラーやムッソリーニなど極右的な政治リーダーたちも、専制政治ときわめて相性が良いことは明らかだ。

一極集中は集団化によって起きる。左にせよ右にせよロクなことにならない。世論の九割が支持（あるいは不支持）などのフレーズを僕は信用しない。一色に近い世相には、絶対にバイアスが働いていると思ったほうがいい。

暴走する匿名の集団。それぞれの顔は見えないけれど、政治や社会の関心の方向は近い人たちの集団。ネットではあくまでも匿名だけど、メディアがこれをとりあげ、実際の社会に大きな影響を与える。こうして仮想の集団が現実にフィードバックする。社会が二分化する。

安倍《あべ》元首相の国葬が行われたとき、メディアは「世論が分断された」との表現をよく使った。実際には国葬反対の人のほうが多かったと思うけれど、二つに割れたことは確かだ。

あるいはアメリカの大統領選。二大政党制を敷くアメリカでは民主党と共和党の対立は常にあるけれど、トランプ大統領誕生以降、その傾向はより強くなっている。

二分化とはいっても、政治的な右と左に関しては、右の側が圧倒的にネットとの相性が良いようだ。だからネットが大きな影響力を持つようになった近年、ヨーロッパの多くの国でも移民排斥や国家主義などを主張する右傾的な政党が支持を集め、個の人権を重視するリベラルな政党との対立軸が鮮明になっている。

移民流入の阻止を公約にして二〇二二年選挙で勝利したイタリアの極右政党「イタリアの同胞」党首ジョルジャ・メローニは、首相就任直後にアフリカ難民二三〇人を乗せた移民救助船の受け入れ拒否を発表した。行き場を失った船は三週間近く漂流し、人道的見地から放置はできないとフランス政府が受け入れを発表し、二国のあいだで大きな外交問題になっている。

ヨーロッパの右傾化は、喫緊《きっきん》の大きな問題だ。そのアイコンのひとつは、ヒトラーを英雄視するネオナチだ。実際にドイツでも、ＡｆＤ（ドイツのための選択肢）など右派政党は支持を伸ばしてきたし、ネオナチも増えている。二〇二二年一二月には、クーデターを計画していた極右組織がドイツ国内で摘発されて、世界的なニュースになった。でも他のヨーロッパ諸国に比べれば、ドイツの深刻度はまだ低い。ＡｆＤも近年では支持者が離れ始めていることが、選挙で証明されている。この問題は（ロシア侵攻前のウクライナにおけるネオナチの暗躍が示すように）ドイツ本国よりもむしろ、他国で大きな問題になっている。

そもそもドイツでは現在も、ナチズムを賞賛する発言や兵士のコスプレなどは違法行為となり、ナチスのシンボルであるハーケンクロイツ（鉤《かぎ》十字）やヒトラーをイメージさせる写真や図柄などを、公共の場に掲揚することは禁止されている。

こうした強制的な規制や検閲に対して、僕は全面的な同意はしない。いかなる場合にも言論や表現の自由は認められるべきだ。でもナチズムを社会の特異点にあえて置くことで、かつての自分たちの失敗を、ドイツが常に意識に刻み続けていることは確かだ。つまり規制することで不可視にしているのではなく、むしろ恒常的に可視化しようとしているのだ。

ドイツの街を歩くと、ときおり四角い小さな金属板が埋め込まれていることに気づく。

一九九二年に市民たちが始めた「Stolpersteine（つまずきの石）」と呼ばれるプロジェクトだ。ホロコーストで亡くなったユダヤ人一人ひとりの名前が彫られた金属板は、生前の彼らが住んでいた家の前などに埋め込まれている。一九九三年にドイツのケルンで始まったこのプロジェクトは、今ではヨーロッパ全域に広がっている。

政府と市民がこれほどに自分たちの過ちを直視し続けるドイツは、当然ながら民主主義の価値を重要視するし、弱者救済の意識も強い。ＥＵの顔でもあり難民救済に積極的だったアンゲラ・メルケルの政権は長く支持された。メローニが受け入れを拒否した移民救助船の運営も、ドイツの人道支援団体だ。

組織の歯車として多くの人を殺害

数年前にベルリン自由大学の学生たちとディスカッションしたとき、学生から「日本の戦争のメモリアルディは終戦の日なのですか」と質問された。「そうですよ。他には八月六日と九日。広島と長崎に原爆が落とされた日です」と答えてから、「ドイツの戦争のメモリアルディはいつですか」と僕は訊いた。軽い調子で。

「ナチスが降伏した日は、確か一九四五年の五月八日ですよね？」

そう確認する僕に、「その日はヨーロッパにとってはメモリアルです。でもドイツでは一月二七日と三〇日のほうが重要です」と学生は言った。

そう言われても、それが何の日かわからない。首をかしげる僕に、「一月三〇日はヒトラー組閣の日で、二七日はユダヤ人絶滅を目的に作られたアウシュビッツ強制収容所解放の日です」と学生たちは教えてくれた。

このとき僕は、しばらく唖然《あぜん》としていたと思う。だって真逆なのだ。ドイツにおける戦争のメモリアルは戦争の始まりと自分たちの加害。これに対して日本は、戦争の終わりと自分たちの被害がメモリアル。

戦争の始まりを起点にするドイツの人たちは、なぜ自分たちはナチスとヒトラーをあれほど熱狂的に支持したのかと、戦後もずっと考え続けている。自分たちの加害行為をメモリアルにするから、なぜ自分たちはあれほどに冷酷で残忍なことができたのかと悩み続ける。

でも戦争の終わりを起点にする日本の人たちは、敗戦からの復興を大きな物語として提供されて消費してきた。原爆や東京大空襲など自分たちの被害をメモリアルにするから、アジアに対しての加害行為を忘れてしまう。

この違いは大きい。それは僕の仕事である映画産業においても明らかだ。ナチスやホロコーストの映画は、コメディやサスペンス、ホラーなどジャンルのひとつであるように、ずっと量産され続けている。制作はハリウッドの場合もあるが、ドイツの映画会社や監督も精力的に作り続けている。

でも日本では、大日本帝国時代のアジア侵略や南京《ナンキン》虐殺など日本の加害行為をテーマにした映画は少ない。いや「少ない」のレベルではなく、大手映画会社は絶対に作らない。自らの加害行為を不可視にしようとする傾向は、映画やテレビなどエンタメだけではない。教育も同様だ。特に近年、教科書会社の多くは政権の意向を忖度《そんたく》して、従軍慰安婦や南京虐殺などの記述を最小限に削り、あるいは抹消し、日本がいかに素晴らしい国であるかを強調するような方向にシフトした。

こうして記憶の空洞が固定化される。あったことがなかったことになる。自分たちの負の記憶を自虐史観などと呼称する人が増えて、ネットでは「南京虐殺はなかった」

「関東大震災時の朝鮮人虐殺はデマである」などの投稿が、ここ数年で急激に増殖した。

こうした言説を広める人たちがよく使うテンプレがある。


崇高な日本人がそんな下劣なことをするはずがない。

日本人は高潔なのだから虐殺などするはずがない。


ならば僕は言い返す。日本人が実際に崇高で高潔であるかどうかはともかくとして、仮に崇高で高潔であったとしても、それと蛮行は関係ない。僕たちホモサピエンスはときとして、明確な悪意がないままに、とても残虐な殺戮《さつりく》に加担してしまうことがある。なぜなら群れて生きることを選択したからだ。集団に埋没して個を失うからだ。

もしも冷酷で残虐だから人を殺すという前提だけならば、ナチス時代のドイツ人は冷酷で残虐な人ばかりだったということになる。特定の地域で特定の時代に特定な性格の人が多くなる。そんなことはありえない。

日本人の集団力の強さにおぼえる違和感

大事なことだから何度でも書くよ。人は弱い。だから群れて生きる。群れて集団になることで言葉が必要になり、文明が生まれて人はこれほどに繁栄できた。でも集団には副作用がある。同調圧力が強くなるのだ。こうして人は全体の一部となる。一人称単数の主語を失う。

一人称単数の主語とは何か。具体的には「俺」とか「私」とか「僕」。つまりあなた自身。でも集団化が進んだとき、人は一人称単数の主語を使わなくなる。なぜなら個が埋没するから。でも主語を使わなければ文法的に破綻する。代わりの主語として使われるのは「我々」など複数代名詞。あるいは自分が帰属する組織の名称だ。

二〇二二年一一月、カタールで行われたサッカー・ワールドカップで、応援する日本人サポーターたちが、試合終了後に必ず、周囲のゴミを拾って帰ったことについては、第一章でも言及した。

これは今回だけではなく、オリンピックなど国際大会の際にはほぼ必ず、ゴミを拾って帰る日本人観客の話題がメディアを賑わしている。

　もちろん、決して悪いことじゃない。道徳的には正しい。でも、身の回りのゴミを掃除して帰るという発想などない他国のサポーターや観客たちが驚嘆しているとの報道に接しながら、僕は腰が落ち着かなくなる。重箱の隅をつついているのかなと思う気持ちもあるけれど、でもやっぱり無条件に賞賛できない。そこに同調的な圧力は働いていないだろうか。この規律正しさが違う方向に向いたときを考えると、どうしてもそわそわと落ち着かない。

　数年前にイタリアから来た旧知のジャーナリストと、国会前を歩いたことがある。多くの人たちがプラカードを手に並んで歩きながら、原発反対とシュプレヒコールの声をあげていた。でもこのとき、初めて日本のデモを見た彼が驚いたのは、デモ隊が信号をきちんと守っているということだった。

「イタリアのデモ隊は信号を守らないのですか?」と質問したら、「そもそもデモが行われるとき信号は停止します。壊されますから」と彼は答えた。「このデモを見ながら、やはり日本人は品行方正で礼儀正しいと実感したけれど、私の正直な感想を言えば、ちょっとだけ不気味です」

もちろん、諸外国の過激なサポーターのように暴徒と化して暴動するならば、それは典型的な集団の振る舞いだ。過激で暴力的なデモも同様。それを肯定する気はない。

でも贔屓《ひいき》のチームが負けても暴徒と化さずにみんなで掃除をして、暴動は起こさずに規律正しくルールを守りながらデモ行進する日本人の礼節や素行の正しさが、僕にはどうしても気になるのだ。

二〇二二年のワールドカップにおける日本のサポーターの規律正しさを伝える日本のメディアは、「世界が称賛！」などのフレーズを多用した。日本チームの勝利に対しては、「世界が注目！」とか「世界中に感動を与えた」などのフレーズと共に、日本チームのブルーのユニフォームを着た外国人サポーターたちが紹介された。

現地に行ってないから実際のところはわからない。でも他国の選手を応援するサポーターは、どの国にも限らず一定数はいると思う。特に日本が対戦する試合なら、対戦国以外の国の人たちは、日本のユニフォームをお祭り気分で着ても不思議はない。探せばいくらでも見つかる。声をかけて短いコメントをもらう。「日本チームをどう思いますか」と日本のテレビクルーから質問されれば、「素晴らしいよ」とか「見事だったよ」くらいは言うだろう。もちろん日本に対して批判的なフレーズを口にする外国人だっているはずだ。それは編集でカットする。

かつて僕はテレビ・ディレクターだった。こうした四捨五入は普通にやる。だって嘘《うそ》ではないのだ。実際にブルーのユニフォームを着た外国人はいる。コメントも無理に言わせたわけじゃない。

でも少なくとも、「世界が称賛」とか「世界中が感動」などの仰々しいフレーズを、かつてならこれほど無邪気にアナウンスできなかったと思うのだ。そしてこのフレーズが冠せられる目的語は、日本のサッカー選抜チームだけではなく、いつのまにか日本国や日本人に拡大している。

つまり自画自賛。第一章でも書いたけれど、「世界が称賛する私」とか「世界に感動を与えた俺」などと口走る人に、あなたは好感を持つだろうか。もっと話を聞いてみたいと思うだろうか。今に始まったことではない。書店に行けば、嫌韓反中の書籍と並んで日本を称賛する書籍が平積みになっていた時代は、数年前に始まって今も続いている。

特に自民党の政治家に多い。

『とてつもない日本』の著者は現在の自民党副総裁である麻生太郎《あそうたろう》。『美しい国へ』は凶弾に倒れた元首相の安倍晋三。ちなみに第一次安倍内閣が成立したとき、安倍は記者会見で自身の内閣を、「美しい国創り内閣」と呼んでいる。

『日本はなぜ世界でいちばん人気があるのか』を書いたのは政治評論家の竹田恒泰《たけだつねやす》。『日本人だけが知らない世界から尊敬される日本人』『日本人だけが知らない本当は世界でいちばん人気の国・日本』の著者はケント・ギルバート。

まだまだいくらでもあるけれど、僕の経験から言えば、タイトルは担当編集者がつける場合が多い。著者も承諾していることは前提だが、できるだけインパクトがあるタイトルをと担当編集者が考える状況は想像できる。タイトルだけを取りざたするのはフェアではないだろう。

でも一線があると思うのだ。それを言葉にすれば「さすがにそこまでは」。あるいは「いくらなんでも」。その一線が明らかに後退している。いや進んでいるのか。どちらにせよ、以前とは明らかに違う。

ただしスパンをもっと長く見れば、日本が自画自賛する出版物が溢《あふ》れた時代は、過去にもあった。二〇一九年に刊行された『「日本スゴイ」のディストピア——戦時下自画自賛の系譜』(早川タダノリ)に拠《よ》れば、特に一九三一年の満州事変以降、「日本人は米を食べるから粘り強い」「服従は日本の美徳である」「日本人は世界でいちばん腰が強い」「日本は神の国で敗戦はありえない」「日本は世界の中心である」「日本人は世界でいちばん知能が良い」などの内容の書籍が、大量に出版されていた。

もちろん日本以外の国にも自画自賛本はある。でも日本のこの傾向は顕著だ。テレビでも「世界が驚嘆した日本人」とか「世界を驚嘆させる日本」みたいなタイトルの番組が頻繁に放送される。つまり視聴者から支持されている。だから思う。なぜ日本人はこれほどに自画自賛が好きなのか。自画自賛したくなるのか。

誰もが思いつく理由のひとつは、自信がないからだ。不安と恐怖が強いからこそ、自分が他者からどのように見られているのかを、いつも気にしている。

そしてもうひとつの理由。これは自信がないことの裏返しかもしれないが、アジアの他の国の人たちに対する根拠のない優越感と蔑視感情だ。

長く続いた江戸時代が終わって鎖国を解いた日本は、周囲を見渡して、欧米列強に植民支配されたアジアを目撃した。でも日本は植民地とはならなかった。軍事力を高め、清国《しんこく》やロシアとの戦争にも勝った。だからこそ神に守られている国であるとの妄想が具体化し、朝鮮や中国の人たちを劣った民族として見下した。

この時代の代表的なスローガンは「富国強兵」と「脱亜入欧」。前者の意味は「軍備を増強して国を富ませる」。後者の意味は「後進世界であるアジアを脱して欧米列強の一員となる」。北朝鮮の金正日《キムジョンイル》政権のスローガンだった「先軍政治」と意味がほぼ同じ「富国強兵」もありえないけれど、「脱亜入欧」にはもっとあきれる。頭は大丈夫かと言いたくなる。

でも当時の人たちは、大まじめでこうしたスローガンを唱えていた。日本はたまたまアジアに位置しているけれど、我々日本民族はアジアの劣った民族とは違う。彼らを支配すべき民族なのだ。本気でそう思い込んでいた。

アジア各地に侵略を続けた日本は、中国支配（満州国建設）に異議を唱える欧米に腹を立てて国際連盟を脱退し、我々は大東亜（アジア）の盟主になるとの幻想を掲げながらイタリアやドイツと同盟を結び、世界戦争の当事国となった。神の国なのだ。守られている。世界でいちばん腰が強い。魚と米を常食しているから敗《ま》けるはずがない。でも敗けた。沖縄では住民の四人に一人が銃弾や爆撃や集団自決の犠牲となり、東京や大阪など大都市の多くはＢ29の空襲で焼け野原となって、広島と長崎には原爆を二つも落とされて、日本は無条件降伏した。

ここであなたに知ってほしい（知っていたらごめん）。日本が降伏した相手はアメリカやイギリスだけではない。かつて支配した中国も連合国の一員だ。つまり日本は中国に敗けたのだ。しかも統治していた韓国も独立した。こうしてアジアへの優越感は足もとから崩れ落ちる。

ところが日本人の集団力の強さは変わらなかった。敗戦後に高度経済成長の時代を迎え、日本はＧＮＰ世界第二位を達成した。軍事力で果たせなかったアジアの盟主の野望を、経済で達成した。一九七〇年代から八〇年代までの（バブル期も含めた）経済安定成長時代の流行語はジャパン・アズ・ナンバーワン。東アジア研究が専門のアメリカの社会学者エズラ・ヴォーゲルの著作タイトルだけど、多くの日本人がこのフレーズを、うっとりと陶酔しながら口にした。

でもやがて、経済は中国に抜かれ、気がつけば韓国もすぐ後ろを走っている。二〇二一年度の日本の労働生産性は主要七カ国（G7）で最下位だ。一人当たり労働生産性はOECD加盟三八カ国のうち二八位。どちらも一九七〇年代以降で最も低い順位となっている。

つまり経済力において、日本はアジアの中流国へとなりつつある。いや、すでになっている。ずっと見下していた中国や韓国への優越感が、捩《ねじ》れながら行き場を失う。その反作用で嫌中と反韓の感情が強くなる。自画自賛をしたくなる。

一人称単数の主語を持つということ

大学で教えていたジャーナリズム論は、いつも一〇〇人近い学生が受講していて、大教室を使っていた。年度末最後の授業が終わりかけたとき、一人の男子学生が手を挙げた。彼は自分を中国からの留学生だと自己紹介したうえで、「授業の最後に、この場にいるみんなに伝えたいことがあるのです。三分でいいです。お時間いただけますか」と僕に訊いた。もちろんＯＫ。以下は留学生の話の要約だ。

自分は日本が大好きで留学しました。中国にいたときも今も、日本人と日本の文化が大好きです。でも最近、書店に行くと、中国や韓国を罵ったり冷笑したりする本が、いちばん目立つ場所に平積みになっています。そんな本を眺めながら、中国や韓国の人も日本を嫌いなんだと、皆さんは思っているかもしれません。

皆さん、機会があればぜひ中国に来てください。そして書店を覗いてください。日本を罵る本なんてほとんどありません。私の周囲もみんな日本が大好きです。ネットやテレビのニュースなどでは、中国からの観光客が爆買いしているとよく嘲笑されているけれど、彼らは日本が好きだから日本に来るのです。

もちろん、日本が嫌いな中国人はいます。戦争でひどい目にあわされたと恨みに思っている中国人もいます。でもそんな人ばかりじゃないです。いろんな日本人がいるように、いろんな中国人がいます。私は日本が大好きです。私の友人たちも同じです。最後にそれを言いたくて時間をもらいました。聞いてもらってありがとうございます。

そこまで言ってから、中国人留学生は静かに着席した。日本人学生はしばらく沈黙。でもやがて何人かがぱちぱちと手を打ち始め、すぐに多くの学生がこれに続いた。僕も思わず手を叩いた。ありがとう。僕が授業でずっと言いたかったことを、君はたった三分で見事にまとめてくれた。

一人称単数の主語を持つということは、その一人称単数の主語に見合う述語で思考し、行動することでもある。もしも「我々」など複数代名詞や自分が帰属する集団が主語ならば、述語はまったく変わる。だって大きくて仲間がたくさんいて強いのだ。一人称単数の主語を明け渡せば、自分はほぼ匿名になれる。だから攻撃的になる。一人ならば言えないことも言えるようになる。

例えばどんな述語が多くなるのか。成敗せよ。許すな。粉砕せよ。立ち向かえ。……思いつくままに挙げたけれど、こうして一人称単数の主語を失いながら、人は選択を間違える。悔やんでも時間は巻き戻せない。

なぜ自分自身ではなく、複数の集団や組織の名称に主語を明け渡すのか。楽だからだ。だって一人称単数は孤独だ。心細い。

僕はかつてテレビ・ディレクターだった。番組制作会社に所属していた。でもオウム真理教の信者たちを被写体にしたテレビドキュメンタリーを撮ろうとして会社から解雇されて、帰属していた組織を失った。一人になっても撮影は続け、結果としてこの作品は映画になった。僕にとって初めての劇場映画だ。

一人で撮影を続けたときの感覚は今も覚えている。予算はないけれど指示や命令もない。すべてを自分で決めなくてはならない。そしてその責任も自分に返ってくる。不安だった。心細かった。でも気がついた。会社や業界に帰属していたそれまでとは、明らかに視界が変わっていた。

これを言葉にするのは難しい。解放感よりは不安のほうが強かった。でも同時に、カメラのファインダーを覗く自分の視点が、それまでとは違うことは確かだった。僕は一人称単数の主語を取り戻していたのだ。だから述語も変わる。そして結果として、このときの体験は僕にとって、とても大きな糧となった。

最近、保育の現場や障害者施設、刑務所などで虐待が行われていたというニュースが多いことにあなたは気づいているだろうか。加害者の多くは保育士や介護福祉士に刑務官。保育士は子供好きだったはずだし、介護福祉士は社会的弱者への介護を自分の一生の仕事だと思っていたはずだ。そして刑務官は標準以上に正義感が強い人たちだったはずだ。

ところが、そんな人たちが日常的に虐待にふける。被害者は園児であり知的障害者であり受刑者だ。つまり弱い人たち。だから抵抗しない。できない。名古屋入管でウィシュマさんを虐待し、適切な医療につなげることすらしなかった入管職員たちも同じだろう。他にも多くの外国人たちが、入国を認められないままに虐待を受けていた。

躾《しつけ》や懲罰のつもりがどんどんエスカレートする。でも加害している当人はそれに気づかない。集団の一部になっているからだ。一人称単数の主語をいつのまにか失っているからだ。この延長にホロコーストを含めた多くの虐殺がある。多くのアイヒマンがいる。武力侵攻や戦争がある。

天敵への防衛策として始まった集団（群れ）は、近代において、組織や共同体を意味するようになった。具体的に書けば、会社や学校。組合やサークル。法人に町内会。派閥にグループ。まだまだいくらでもある。集団のラスボスは国家だ。国籍から逃れられる人はいない。

人はこうして、国家を頂点としたさまざまな組織や共同体に帰属しながら生きる。そう宿命づけられている。もしも南太平洋の無人島でたった一人で暮らすのなら、あなたはあらゆる集団から離脱できるかもしれない。でもそれは本来の人の生きかたではない。

集団の最大の失敗は戦争と虐殺だけど、それだけではない。虐待やいじめ。地球温暖化と環境破壊。温暖化ガスの弊害は明らかで毎年のように異常気象はニュースになるのに、僕たちは今の速度と方向を変えることができない。

あなたは「ティッピング・ポイント」という言葉を聞いたことがあるだろうか。この言葉の意味は、それまでの小さな変化が急激に変化するポイントのこと。日本語ならば「臨界点」や「閾値《いきち》」と言い換えられる。

地球温暖化問題においても、温室効果ガスの量がある一定の閾値を超えると爆発的に温暖化が進み、もはや後戻りができない事態に陥ってしまうと言われている。

いつ「ティッピング・ポイント」は始まるのか。数十年後と言うコメンテーターもいれば、数年後と言う科学者もいる。いずれにしても、このままでは人類は、最悪の事態を迎えることになる。本当に取り返しのつかない事態になってから、なぜあのときにもっと真剣に対処しなかったのか、と天を仰ぐ可能性は高い。

その理由は集団だったから。自分の感覚よりも全体の動きに合わせていたから。自分の問題ではなく全体の問題だったから。みんなが温暖化ガスの排出を止めなかったから。みんながユダヤ人を虐殺していたから。みんながこの戦争は祖国と国民を守るためだと言っていたから。

僕たちは集団から離れられない。それは大前提。でも集団に帰属しながらも、一人称単数の主語をしっかりと維持できるのなら、暴走に気づくことができる。

それほど難しいことじゃない。「我々」や集団の名称を主語にせず、「私」や「僕」などの主語を意識的に使うこと。たったこれだけでも述語は変わる。変わった述語は自分にフィードバックする。

すると視界が変わる。新しい景色が見える。だから気づくことができる。世界は単純ではない。多面で多重で多層なのだ。だからこそ豊かで優しいのだと。

おわりに

負の歴史を忘れてはいけない

このフレーズをあなたは聞いたことがあるだろうか。

You are what you eat.

あなた（の身体）はあなたが食べるもの（からできている）。とても有名なフレーズだ。ただしこの箴言《しんげん》の前提は、あくまでもフィジカル（身体）だ。ならばメンタルはどうか。つまり内面。

What are your thought and beliefs made up of ?

あなたの思想信条は何からできているのか？

答えはひとつではない。でも今のロシアや北朝鮮について、あるいはかつてのこの国について考えれば、二つの圧倒的に重要な要素を、誰もが思いつくことができるはずだ。そのひとつはメディア。そしてもうひとつは教育。

この二つは不可分の関係にある。メディアはしっかりと民主的に機能しているが教育は前近代的なほどに遅れて不充分である、という状況はありえない。教育は理想的だがメディアが問題外に低劣である、という国もないはずだ。

なぜなら成熟した教育は、全方位的なリテラシーを鍛える。ものの見方の多面性を向上させる。教育が行き届いてリテラシーが成熟した社会において、メディアが向上しないはずはない。つまりこの二つは両輪。メディアと教育がしっかりと駆動するならば、その社会や国家が大きな過ちを起こすことはないはずだ。

今から数年前、日韓関係をテーマに大学のゼミの授業でディスカッションしていたとき、閔妃《びんひ》暗殺事件について僕は言及した。あなたはこの史実について知っているだろうか。もしも知っていたら申し訳ないけれど、この事件の概要を以下に記す。

一八九五年、李氏《りし》朝鮮の地位確認と朝鮮半島の権益を巡る争いが原因となって起きた日本と清国《しんこく》の争い（日清戦争）が終わった。勝利した日本は、李氏朝鮮に対する清国の宗主権の放棄を承認させ、さらに清国から台湾、澎湖《ほうこ》諸島、遼東《りょうとう》半島などを割譲され、巨額の賠償金も獲得した。

その年の一〇月八日早朝、日本の公使だった三浦梧楼《みうらごろう》が率いる日本軍守備隊、領事館警察官、日本人壮士（大陸浪人）、朝鮮親衛隊などが、凶器を携えながら朝鮮王宮に乱入し、李氏朝鮮高宗の妃《きさき》である閔妃（明成皇后）を後宮で殺害し、さらに遺体にガソリンをかけて焼却した。事件後に主犯の三浦梧楼を含めて加担した四八人は日本に召還されて被告人となったが全員免訴となり、その後に三浦は枢密顧問官など日本政府の要職を歴任している。

朝鮮併合は一九一〇年だから、この時代はまだ朝鮮は立派な独立国だ。その国の王妃が暮らす王宮に他国の兵士、警察官たちが乱入して殺害し、遺体にガソリンをかけて焼却した。

とても衝撃的な事件だ。しかしゼミ生たちの反応は薄い。いや薄いとかのレベルではなく、きょとんとしている。閔妃の名前を知らないのだ。ならばもちろん、事件を知るはずもない。

ゼミ生の総数は二五名。この年は韓国の留学生が一人いた。もちろん彼女は、この事件について知っていた。

ディスカッションが終わるころ、一人ひとりに感想を言わせた。日本人学生たちがこの事件について知らないことにショックを受けています、と留学生は言った。全員が黙り込んだ。いつもはにこにこと笑顔を絶やさない彼女だけど、このときは表情がこわばっていた。

歴史を学ぶ最大の意味は何か。同じ失敗をくりかえさないためだ。だからこそ過ちや失敗の記憶は大切だ。ところが近年の日本では、こうした加害や失敗の記憶の継承が、自虐史観として忌避される傾向がとても強くなっている。

二〇一五年八月、安倍《あべ》晋三《しんぞう》首相(当時)は戦後七〇年談話を発表し、「あの戦争には何ら関わりのない、私たちの子や孫、そしてその先の世代の子どもたちに、謝罪を続ける宿命を背負わせてはなりません」と述べている。
いつまで謝罪しなければならないのか。おそらくこれは、嫌韓や反中など保守的な思想を持つ多くの人の気持ちの代弁でもあるのだろう。でも韓国や中国などかつて日本から加害されたアジアの国の多くは、決して謝罪や賠償だけを求めているわけではない。

彼らの本意は、謝ってほしい、ではなく、忘れないでほしい、なのだ。

しかし日本は記憶しない。Stolpersteine（つまずきの石）はどこにもない。閔妃暗殺事件や南京《ナンキン》虐殺、従軍慰安婦だけではない。三〇〇人以上のオーストラリア・オランダ兵捕虜が殺害されたラハ飛行場虐殺事件、市民一〇万人が殺害されたマニラ大虐殺、三〇〇〇人以上を人体実験で殺害した七三一部隊。まだまだいくらでもある。日本国や日本人が加害する側としてかかわった虐殺は決して少なくない。

安倍政権は教育基本法を改変して「愛国心条項」を加え、菅義偉《すがよしひで》政権は「従軍慰安婦」と「（朝鮮人）強制連行」という言葉は教科書の記述として不適切であると閣議決定した。

文部科学省は教科書会社を対象にした説明会で、訂正申請のスケジュールを具体的に呈示した。

明らかに政治権力による教育への介入だ。しかし異議の声は弱い。教科書会社七社はそれまで掲載されていた「従軍慰安婦」「強制連行」などの記述を四一点にわたって、削除し表現も変更した。

国の歴史は個人史と同じだ。確かに失敗や挫折、加害の記憶はつらい。できることなら忘れたい。なかったことにしたい。でもそれでは人は成長しない。

国も同じだ。負の歴史を忘れてはいけない。僕たちは歴史をなぜ学ぶのか。同じ失敗をくりかえさないためだ。負の歴史をメディアと教育は伝えるべきだ。

自虐史観だともしも言われたなら、自虐で何が悪いと胸を張ってほしい。誰だって失敗する。挫折する。いつのまにか誰かをいじめている。国も同じだ。どんな国でも失敗や挫折の歴史がある。大切なことは忘れないこと。自分が生まれる前の失敗や挫折や加害だとしても、それを学ぶことで、何をどう間違えたのかを知ることができる。反省できる。教訓を学んで人は成長する。国や民族も同じはずだ。

どこから見るかで世界の景色は異なる

あなたはテレビを観ている。アフリカのサバンナのドキュメンタリーだ。ＮＨＫの「ダーウィンが来た！」をイメージしてほしい。主人公は一匹のメスライオン。最近三匹の子どもが産まれたばかりだ。

でもこの年のアフリカは、乾季が終わったのに雨がほとんど降らない。草食のインパラやトムソンガゼルたちは、ばたばたと飢えで死んでいる。だから母親になったばかりのライオンも獲物を見つけられず、母乳も出ない。

その日もメスライオンは、衰弱してほとんど動けない子どもたちを残して狩りに出る。二匹のインパラを見つけた。大きなインパラを追いかけるほどの体力は残っていないが、小さなほうなら何とかしとめることができるかもしれない。

メスライオンは風下からゆっくりとインパラに近づいてゆく。このときテレビを観ながらあなたは、狩りが成功しますように、と祈るはずだ。成功すればメスライオンの体力は回復し、お乳も出るようになるはずだ。ならば死にかけた三匹の子ライオンたちも生き延びることができる。がんばれ。あなたは思う。狩りが成功しますように。

翌週の同じ時間帯、あなたはテレビのスイッチを入れる。今回の主役は、子供を産んだばかりのメスのインパラだ。その年のアフリカは干ばつで草が生えない。インパラの母と子は飢えている。すっかり痩せ細っている。足は弱ってほとんど走れない。しかも群れから離れてしまった。

母と子はわずかな草地を見つける。これで数日は生き延びることができる。インパラの母と子は夢中で草を食べる。そのとき、遠くからそっと近づいてくる痩せ細った狂暴そうな一匹のメスライオンの姿をカメラは捉えた。母と子のインパラは気づかない。メスライオンはゆっくりと近づいてくる。

このときあなたは何を思うだろう。早く気づいてくれ、と思うはずだ。狂暴そうなライオンが近づいている。このままでは食べられてしまう。早く逃げろ。気づけ。そう思いながら、あなたは手を合わせるかもしれない。

この二つの作品は、まったく同じ状況を撮影している。違いは何か。カメラの位置だ。つまり視点。どこにカメラを置くかで、映し出された世界はこんなに違う。そしてその映像を観たあなたは、まったく違う感情を抱く。

これが情報の本質だ。

世界はとても多面的だ。多重的で多層的。どこから見るかで景色はまったく変わる。あなたがスマホでチェックするニュース、あるいはツイッターやラインで誰かが書いた情報、テレビニュースや新聞記事も、すべて構造は同じだと知ってほしい。難しい話ではない。人は同時に多数の視点に立てない。選ぶしかない。あなたがもしも記者やカメラマンなら、ひとつの視点を決めなくてはならない。それはあなたにとっては真実だ。でも真実は人の数だけある。解釈は人によって違う。それが世界だ。

現象に立ちどまって「あるのはただ事実のみ」と主張する実証主義に反対して、私は言うであろう、否《いな》、まさしく事実なるものはなく、あるのはただ解釈のみと。

（略）

総じて「認識」という言葉が意味をもつかぎり、世界は認識されうるものである。しかし、世界は別様にも解釈されうるのであり、それはおのれの背後にいかなる意味をもってはおらず、かえって無数の意味をもっている。――「遠近法主義。」

世界を解釈するもの、それは私たちの欲求である、私たちの衝動とこのものの賛否である。いずれの衝動も一種の支配欲であり、いずれもがその遠近法をもっており、このおのれの遠近法を規範としてその他すべての衝動に強制したがっているのである。

『ニーチェ全集〈13〉権力への意志（下）』（原佑訳、ちくま学芸文庫、一九九三年）

情報において事実はない。すべて解釈だ。そして解釈とは、その事実に接した記者やカメラマンやディレクターの視点。あるいは思い。それが情報としてパッケージ化されて伝えられる。

……せめてこのくらいのレベルは、できるなら中学や高校で教えてほしい。今の若い世代はネイティブデジタルだ。生まれたときからスマホが手元にあった。ネットは日常のインフラだ。だからこそリテラシーの獲得は最優先事項だ。

実名と匿名については第三章で書いたけれど、特に報道の現場におけるこの問題について、もう少しだけ補足したい。

やはりゼミの授業中、少年が加害者となった事件が報道されたとき、多くの学生から「なぜ加害者の名前は隠すのに被害者の名前は公開されるのか」「バランスが変です」などと質問された。

少年の名前や顔写真などを報道しない理由は、高い可塑性（変化する可能性）を持つ少年から更生の機会を奪うべきではないとの精神を掲げる少年法によって、過剰な報道が抑制されているから。ちなみにこのルールは、近代司法国家ならば、ほぼすべてが共有する世界のスタンダードだ。

僕は学生に答える。加害者と被害者はシーソーに乗っているわけではない。片方が下がれば片方が上がるわけでもない。加害者の人権を尊重したからといって、被害者の人権が損なわれるわけでもない。どちらも尊重すべきなのだ。

二〇世紀初頭、映画とラジオは世界中の人たちに熱狂的に迎えられて、人類はマスメディアを獲得する。情報がもっと行き来すれば、格差や戦争もいつかはなくなる。自分たちの生活も豊かになる。そう考えた人は多かった。でも現実は逆に動いた。ファシズム（全体主義）の台頭だ。

その代表はドイツとイタリアと日本。この時代以前にファシズムは歴史に登場していない。なぜならファシズムを実現するためには、メディアを使ったプロパガンダが不可欠であるからだ。誰もが理解できるマスメディアが誕生したことで、特定の政治的な意図のもとに、主義や主張、あるいは敵対している国やその指導者の危険性などを、自国民に何度も強調して刷り込むことが可能になった。

もしもこのとき多くの人が、ライオンから見た視点とインパラから見た視点では世界がまったく違うことを理解していれば、プロパガンダは簡単には行われなかっただろう。でもマスメディアが誕生したばかりのこの時代、メディア・リテラシーを持つ人などほぼいない。与えられた情報を、疑わないまま事実なのだと受け取ってしまう。

こうして独裁と戦争の時代が始まる。結果として枢軸国側は破れて連合国側が勝利したが、戦後に映画とラジオは融合し、テレビジョンが誕生する。さらに近年は、国境や地域を簡単に飛び越えてしまうインターネットが、メディアにおける新たな要素になった。

だからこそ知ってほしい。メディアは便利だけどとても危険でもある。多くの人が情報によって苦しみ、命を奪われてきた。情報を受け取るだけではなく発信できる時代になったからこそ、正しい使いかたを知らねばならない。言葉の暴力性も学ばなくてはならない。


まとめよう。負の歴史を見つめること。記憶すること。そしてメディア・リテラシーを身につけること。メディアの弊害を覚えること。世界は多面的で多重的で多層的であることを知ること。集団に帰属しながらも、しっかりと一人称単数の主語を保つこと。約束するよ。もしこれができたなら、きっと世界の見えかたが変わる。それまで見えなかった領域が見えてくる。
そしてあなたは気づく。世界はもっと豊かだし優しいのだと。

参考文献

アーレント、ハンナ『エルサレムのアイヒマン――悪の陳腐さについての報告【新版】』（大久保和郎訳、みすず書房、二〇一七年）
ジャニス、アーヴィング・L『集団浅慮――政策決定と大失敗の心理学的研究』（細江達郎訳、新曜社、二〇二二年）
パーシコ、ジョゼフ・E『ニュルンベルク軍事裁判（下）』（白幡憲之、原書房、二〇〇三年）
早川タダノリ『「日本スゴイ」のディストピア――戦時下自画自賛の系譜』（朝日文庫、二〇一九年）
ニーチェ、フリードリッヒ『ニーチェ全集〈13〉権力への意志（下）』（原佑訳、ちくま学芸文庫、一九九三年）
フロム、エーリッヒ『自由からの逃走』（日高六郎訳、東京創元社、一九五一年）
ヘス、ルドルフ『アウシュヴィッツ収容所』（片岡啓治訳、講談社学術文庫、一九九九年）
唯円『歎異抄』（阿満利麿訳・注・解説、ちくま学芸文庫、二〇〇九年）
ル・ボン、ギュスターヴ『群衆心理』（櫻井成夫訳、講談社学術文庫、一九九三年）

ちくまプリマー新書 421

集団《しゅうだん》に流《なが》されず個人《こじん》として生《い》きるには

二〇二三年三月 十 日　初版第一刷発行
二〇二四年七月二十日　初版第二刷発行

著者　森達也（もり・たつや）

装幀　クラフト・エヴィング商會

発行者　増田健史

発行所　株式会社筑摩書房
東京都台東区蔵前二‐五‐三　〒一一一‐八七五五
電話番号　〇三‐五六八七‐二六〇一（代表）

印刷・製本　株式会社精興社

ISBN978-4-480-68448-6 C0295 Printed in Japan